Die Montessori-Grundschule in Theorie und Praxis

Montessori Praxis

Herausgegeben von
Michael Klein-Landeck und Tanja Pütz

Die Montessori-Grundschule in Theorie und Praxis

Barbara Stein

Die Montessori-Grundschule

in Theorie und Praxis

HERDER

FREIBURG · BASEL · WIEN

MIX
Paper from
responsible sources
FSC® C010798
FSC
www.fsc.org

2. überarbeitete Auflage 2017

www.herder.de

Umschlagkonzeption und -gestaltung: Berres & Stenzel, Freiburg

Umschlagfoto: © Sönke Held, aufgenommen in
der Montessorischule Hamburg-Bergedorf

Abbildungen (Fotos, Zeichnungen) im Innenteil: © Barbara Stein; außer
Foto S. 53 unten: © Ulrike Hees und Fotos S. 5, 8, 20, 36, 48, 51, 52 unten,
66, 70, 86, 105, 110, 114, 120, 124: © Sönke Held, aufgenommen im
Montessori Kinderhaus und Schule Monaddrei, Hamburg

Layout: Berres & Stenzel, Freiburg

Satz und Gestaltung: post scriptum,
Emmendingen / Hinterzarten

Herstellung: Graspo CZ, Zlín

Printed the Czech Republic

ISBN 978-3-451-32580-9

Inhalt

Einleitende Worte

»Wir möchten unsere Kinder in die Montessori-Schule schicken, aber wir haben eigentlich keine Ahnung, wie es dort wirklich zugeht. Könnten wir einmal beim Unterricht zusehen?«, fragen Eltern.

»Ich schreibe eine Examensarbeit über die Prinzipien der Montessori-Pädagogik. Ich habe viel gelesen, aber ehrlich gesagt – die Praxis kann ich mir doch nicht vorstellen. Kann ich einmal zum Hospitieren kommen?«, fragt eine Studentin.

»Ich brauche Anregungen für meinen Unterricht. Vor allem suche ich gutes Arbeitsmaterial für die Kinder. Können Sie mir ein paar Tipps geben?«, werden wir von Kolleginnen und Kollegen gefragt.

»Was ich so höre von der Montessori-Schule, gefällt mir ja ganz gut«, sagt eine Mutter. »Aber mein Kind braucht mehr Druck. Ich glaube, für mein Kind ist die Schule nicht geeignet.«

»Montessori? Dürfen da die Kinder nicht die ganze Zeit tun, was sie wollen? Na, da bin ich aber skeptisch«, meint ein Vater.

»Mein Kind ist so kreativ. Es ist ein typisches Montessori-Kind«, behauptet eine Mutter.

»Ich bin richtig froh, dass ich mich für die Montessori-Schule entschieden habe«, sagt eine andere. »Vor allem die Freiarbeit überzeugt mich. Wenn ich da an meine Schulzeit denke!«

»Wie es den Kindern geht? Gut. Sie haben bei Ihnen eine tolle Grundlage bekommen. Sogar die Lehrer sagen das«, antwortet ein Vater auf die Frage, wie es ehemaligen Schülern geht.

Diese Reihe von Aussagen von Eltern, Lehrerinnen und Lehrern, Studierenden und anderen, die sich für die Montessori-Pädagogik interessieren, ließe sich beliebig verlängern. Interesse und Informationsbedürfnis sind groß. Viele möchten in der Schule hospitieren, andere suchen nach Literatur. Die Montessori-Literatur ist inzwischen tatsächlich sehr umfangreich – allerdings kommt die Praxisbeschreibung noch zu kurz.

Das vorliegende Buch beschreibt die Verwirklichung der Montessori-Pädagogik in der Grundschule und verbindet dabei Theorie und Praxis. Es richtet sich an Pädagoginnen und Pädagogen, Studierende, Teilnehmerinnen und Teilnehmer von Montessori-Lehrgängen, Eltern und sonstige Interessierte.

In diesem Buch ist natürlich auch viel von Erzieherinnen und Erziehern, Lehrerinnen und Lehrern die Rede; um die Lesbarkeit zu erleichtern, wird die Ausdrucksform gewechselt. Begriffe rufen bestimmte Vorstellungen hervor, deswegen sollten die weiblichen Sprachformen gleichberechtigt neben den männlichen stehen.

Barbara Stein

1. Das Kind

»Das Kind ist der Baumeister des Menschen«

Dieses Kapitel gibt einen Überblick über die Entwicklungsphasen des Kindes bis zum 12. Lebensjahr. Wenn Kinder in die Schule kommen, sind bereits sechs entscheidende Jahre vergangen. Erzieherinnen und Erzieher müssen die Entwicklungsphasen der frühen Kindheit ebenso kennen wie die der Grundschulzeit.

1.1 Die Entwicklung zwischen 0 und 6 Jahren

Das Kind ist von Geburt an ein aktives Wesen, das in der Interaktion mit seinen Eltern, anderen Personen und der Umwelt seine Persönlichkeit aufbaut. Darum spricht Maria Montessori vom Kind als Baumeister oder Bildner seiner selbst.

»Das Kind ist nicht ein leeres Gefäß, das wir mit unserem Wissen angefüllt haben und das uns so alles verdankt. Nein, das Kind ist der Baumeister des Menschen und es gibt niemanden, der nicht von dem Kind, das er selbst einmal war, gebildet wurde« (Montessori 1972: 13).

Ferner betont sie die Bedeutung einer geglückten Erziehung:

»Das Kind ist der Erzeuger des Menschen. Die gesamten Möglichkeiten des Erwachsenen hängen davon ab, inwieweit das Kind diese ihm anvertraute geheime Aufgabe erfüllen konnte« (Montessori 2010b: 269).

Der Säugling als »geistiger Embryo«

Das Kind ist von Geburt an ein aktives Wesen, das aufgrund seiner genetischen Anlagen mit bestimmten Begabungen und Charaktereigenschaften ausgestattet ist. Ob und wie sich diese Anlagen entwickeln, hängt vom individuellen Lebensweg eines Kindes und von seiner Erziehung ab. Dies weist sowohl den Eltern als auch der Umgebung, in die das Kind hineingeboren wird, eine besondere Bedeutung zu. Denn das Kind entwickelt seine Fähigkeiten nur im Austausch mit anderen Menschen und mit seiner Umwelt. Deshalb bezeichnet Maria Montessori das neugeborene Kind als »geistigen Embryo«. Das Kind braucht die besonderen Bedingungen einer familiären Umwelt, um die speziell menschlichen Eigenschaften wie Willens- und Handlungsfreiheit, Sprache, Intelligenz und Gefühl richtig entwickeln zu können.

Die Rolle der Eltern

Die Liebe und Geborgenheit, die ein Kind bei seinen Eltern und anderen Erwachsenen findet, ist wie ein Hafen, von dem aus es seine Welteroberung starten und in den es zurückkehren kann, wenn es Mitfreude, Ermutigung, Ruhe oder Trost braucht. Die Erfahrung der Geborgenheit in der Liebe der Eltern gibt dem Kind ein Leben lang Mut und Sicherheit. Aber dort, wo die elterliche Liebe unzuverlässig oder zwiespältig ist, leidet die Entwicklung des Kindes, und die volle Entfaltung seiner potenziellen Möglichkeiten wird sehr erschwert. Deswegen sind später in der Schule die Bemühungen der Pädagogen bei jenen Kindern am fruchtbarsten, die in einer liebevollen und tragfähigen Beziehung zu ihren Eltern leben.

Sensible Perioden

Maria Montessori betont die Wichtigkeit einer *zeitgerechten* Erziehung. Damit ist gemeint, dass auf die Entwicklungsbedürfnisse des Kindes jeweils in den entsprechenden Entwicklungsphasen und nicht irgendwann später eingegangen werden muss. Die Entwicklungsphasen sind gekennzeichnet durch »sensible Perioden« (Montessori 2010b: 65f), d. h. Phasen intensiver Lernbereitschaft, in denen das Kind besonders empfänglich für bestimmte Lerninhalte ist.

Sensible Perioden lassen sich nicht von außen hervorrufen; sie kommen von innen, drängen von innen hervor und sind von begrenzter Dauer. Unterschiedliche sensible Perioden bestehen gleichzeitig und wirken auf komplexe Weise ineinander. Ist die spezifische Lernbereitschaft verklungen, so wird das Lernen mühevoll, und der Erfolg ist weniger gesichert oder kann sogar ganz ausbleiben. Für das Phänomen dieser sensiblen Perioden in der Entwicklung eines Lebewesens werden verschiedene Begriffe verwendet wie z. B. »Zeitfenster«, »kritische Perioden« oder »Sensibilitäten«.

In der Entwicklung des Kleinkindes lassen sich folgende Sensibilitäten besonders gut beobachten:

- die Sensibilität für Bewegung und Sinneseindrücke, verbunden mit dem Verlangen, seinen Willen in Taten umzusetzen,
- die Sensibilität für Struktur und Ordnung und die Suche nach Orientierung,
- die Sensibilität für den Erwerb der Sprache und die Anpassung an den geistigen Lebensraum, der durch die Sprache erzeugt wird.

Die Bedeutung der Bewegung und die Erziehung zur Aktivität

Bewegungsdrang

Auffallend bei Säuglingen und Kleinkindern ist vor allem ihr Drang nach Bewegung. Tätig in Bewegung zu sein ist für sie eine Quelle von Freude. Kinder wollen ihren Körper beherrschen und ihre Bewegungen koordinieren lernen, und sie tun dies, indem sie sich aktiv und mit allen Sinnen der Erforschung ihrer Umwelt zuwenden. Aufgabe der Erziehung ist es nun, das Kind in seinen Aktivitäten zu unterstützen, z. B. wenn es selbst laufen oder selbst essen will oder sich ein Spiel oder eine Tätigkeit aus seiner Umgebung auswählt. Dies geschieht vor allem indirekt, indem man Möglichkeiten schafft, wie das Kind seinen Tätigkeitsdrang erfüllen kann. Die Kinder machen dabei Erfahrungen mit angenehmen und unangenehmen Eigenschaften der Dinge, gewinnen räumliche Vorstellungen und erfahren Begrenzungen. Montessori betont den Zusammenhang zwischen der Bewegung und der Entwicklung von Bewusstsein und Intelligenz:

»Die Bewegung ist nicht nur Ausdruck des Ichs, sondern ein unerlässlicher Faktor für den Aufbau des Bewusstseins; bildet sie doch das einzige greifbare Mittel zur Herstellung klar bestimmter Beziehungen zwischen Ich und äußerer Realität. Die Bewegung ist somit ein wesentlicher Faktor beim Aufbau der Intelligenz, die zu ihrer Nahrung und Erhaltung der Eindrücke aus der Umwelt bedarf. Sogar die abstrakten Vorstellungen reifen ja aus den Kontakten mit der Wirklichkeit, und die Wirklichkeit kann nur durch Bewegung aufgenommen werden« (Montessori 2010b: 138).

Bei sehr kleinen Kindern steht die elementare Bewegung im Vordergrund. Für ein Kind z. B., das laufen gelernt hat, ist das Laufen an sich das Ziel. Es kann sich einen ganzen Nachmittag damit beschäftigen, vom Wohnzimmer durch den Garten zur Sandkiste hin-

und herzulaufen – nicht weil es in der Sandkiste spielen will, sondern weil diese Strecke der äußere Anreiz für den inneren Impuls zu laufen ist. Später wird aus der elementaren Bewegung die elementare Handlung. Die Kinder freuen sich z. B. daran, die Deckel von Gefäßen auf- und wieder zuzuschrauben, oder sie säubern einen Tisch mit gleichmäßigen Bewegungen, unabhängig davon, ob der Tisch schmutzig ist oder nicht. Kinder sind erfindungsreich, wenn es darum geht, aktiv zu sein. Dabei ist es weniger das Spielzeug, das sie interessiert, als die Dinge des täglichen Lebens, die sehr anziehend sind. Ein kleiner Junge z. B. holte sich, während die Erwachsenen auf der Terrasse saßen und sich unterhielten, aus dem Badezimmer ein Stück Seife und schrubbte damit ausdauernd die Steinplatten der Terrasse.

Elementare Bewegungen – elementare Handlungen

Da Kinder heute in einer Welt leben, die in erster Linie auf die Bedürfnisse von Erwachsenen ausgerichtet ist, müssen für sie spezielle Orte geschaffen werden, damit sie genügend Spiel- und Handlungsraum für ihre spezifischen Aktivitäten haben. Deswegen spielt in der Montessori-Pädagogik die »Vorbereitete Umgebung«, in der sich die Kinder sinnvollen Zielen zuwenden und dabei ihren Bewegungsdrang ordnen können, eine zentrale Rolle. In den »Übungen des täglichen Lebens« finden die Kinder vielfältige Möglichkeiten, gemäß ihren Bedürfnissen und aufgrund eigener Entscheidungen aktiv zu sein. Sie können Schuhe putzen, Kartoffeln schälen und kochen, den Tisch decken, spülen und sich darin üben, Schleifen zu binden oder Wasser von einem Gefäß ins andere zu gießen. Die Gegenstände für diese Handlungen stehen immer bereit, sind vollständig und dürfen täglich benutzt werden. Indem es immer wieder in seinem eigenen Lerntempo übt, gewinnt das Kind körperliche Geschicklichkeit, Umsicht und Einsicht in Zusammenhänge. Aus den elementaren Handlungen erwachsen im Lauf der Entwicklung komplexe Handlungsabläufe, und die Kinder werden fähig, das äußere Ziel über der Freude an der Tätigkeit nicht aus den Augen zu verlieren.

»Übungen des täglichen Lebens«

Es sind also nicht die spektakulären Dinge, die die Kinder brauchen. Es ist die normale häusliche Umwelt oder die Umwelt des Kindergartens, die sie begreifen wollen. Für kleine Kinder ist die Erforschung ihrer Umgebung so spannend wie für uns eine Reise in fremde Länder.

Wenn Kinder in der beschriebenen Weise aktiv sind, arbeiten sie am Aufbau ihrer Persönlichkeit. Sie lernen, ihren Willen in sinnvolle Handlungen umzusetzen. Da kleine Kinder eine große Freude an genauen Bewegungen haben, geht das Streben nach Unabhängigkeit einher mit dem Bestreben, etwas genau und richtig zu tun. Deswegen ist es wichtig, dass die Eltern und anderen Erzieher kleinen Kindern die Durchführung einer Handlung langsam, genau und gut beobachtbar zeigen. Es ist nämlich nicht egal, *wie* man etwas macht. Das Kind übernimmt von seinen Eltern und Erziehern zusammen mit der Handlung auch die Weise, wie sie ausgeführt wird: sorgfältig oder nachlässig, sachgerecht oder willkürlich. Geschicklichkeit und Disziplin können sich nur in einer Atmosphäre entwickeln, in der sie auch vorgelebt werden.

Wenn der kindliche Aktivitätsdrang unterdrückt, behindert, falsch gelenkt oder in einer unangemessenen Weise sich selbst überlassen wird, dann wird das Kind in seiner positiven Entwicklung gestört. Es lernt nicht, seinen Willen in sinnvolle Tätigkeiten umzusetzen, es verlernt, seine Entwicklungsbedürfnisse überhaupt wahrzunehmen, oder es gewinnt Freude an zerstörerischen Handlungen. Die Erziehung zu Freiheit und Verantwortung durch sinnvolle, konzentrierte und selbstbestimmte Aktivitäten ist ein zentraler Punkt der Montessori-Pädagogik.

Die Suche nach Orientierung

Vom Beginn seines Lebens an sucht das Kind in der Vielfalt der Eindrücke nach Ordnung und Orientierung. Die »Ordnung«, die das Kind für eine gesunde Entwicklung braucht, bezieht sich sowohl auf die zuverlässige, liebevolle Zuwendung der immer gleichen Personen wie auch auf die Verlässlichkeit täglicher Zeitabläufe oder die gleichbleibende Präsenz von Gegenständen.

Feste Ordnungsstrukturen

Die erste Ordnung, die das Kind entdeckt, liegt wohl im Erkennen der gleichbleibenden Gestalt der Mutter oder anderer Bezugspersonen, deren Stimme, Gesicht, Geruch und Gestalt sich ihm als konstant und zuverlässig einprägen. Im weiteren Verlauf der Entwicklung erfährt das Kind weitere Konstanten: Menschen, Tiere, Gegenstände oder Räume haben bestimmte Erscheinungsformen und Strukturen, die man wiedererkennen kann. Voraussetzung für das Erfassen der Ordnung ist, dass der Säugling und das Kleinkind vielfältige Erfahrungen mit zuverlässig gleichbleibenden Menschen, Gegenständen, Räumen und Zeremonien machen kann. Es gewinnt dabei nicht nur Einsichten in die Ordnung seiner Umwelt, sondern es baut zugleich seine geistigen Kräfte auf, die es ihm ermöglichen, geordnet und strukturiert zu denken, zu handeln und zu fühlen.

Die Suche nach Orientierung und das Erkennen von Ordnungen lassen sich an vielen Beispielen beobachten. Bekannt ist das Versteckenspielen mit kleinen Kindern: Man versteckt sich vor den Augen des Kindes z. B. hinter einem Sessel und lässt sich dann zur großen Freude des Kindes genau dort wiederfinden. Zeigt eine Mutter ihrem Kleinkind, wie es eine Gabel gerade neben den Teller legt, so kann das Kind seine Freude daran haben, die Gabel immer wieder zurechtzurücken, wenn sie schief hingelegt wird. Beim Erzählen einer Geschichte bestehen die Kinder darauf, dass sie immer in den gleichen Worten erzählt wird. Auch Zeremonien müssen genau eingehalten werden. So gab Christoph bei einem seiner Geburtstage ein Playmobilpäckchen zurück, weil es (aus Umweltschutzgründen) nicht in Geschenkpapier eingepackt war. Erst als das Päckchen wie gewohnt verpackt war, konnte Christoph es als Geschenk akzeptieren. Das Beispiel zeigt nicht nur die Bedeutsamkeit von Ritualen, sondern auch die Bedeutung von Symbolen: Durch das Symbol »Geschenkpapier« wird der Gegenstand in seiner Bedeutung erhoben und zu einem Zeichen besonderer Zuneigung.

Manchmal kann das kindliche Beharren auf einer bestimmten Ordnung schwierig werden. Marco, knapp 2 Jahre alt, nahm an Weihnachten die Zeremonie des Heiligen Abends wohl auf besonders intensive Weise wahr: Die Dunkelheit des Wohnzimmers war erhellt durch die brennenden Kerzen am Weihnachtsbaum, durch die Kerzen im vierarmigen Leuchter auf der Kredenz und durch eine weitere Kerze auf dem Tisch. Als der Vater am nächsten Tag zum Mittagessen die Kerzen am Weihnachtsbaum anzündete, bestand Marco darauf, dass die Rollläden heruntergelassen wurden (auch am Heiligen Abend waren die Rollläden geschlossen gewesen) und die Kerzen am vierarmigen Leuchter und die Kerze auf dem Tisch ebenfalls angezündet wurden. Nun war er zufrieden und konnte essen. Erst in den nächsten Tagen gelang es den Eltern, die Zeremonie so weit zu modifizieren, dass das Zimmer nicht jedes Mal durch das Herunterlassen der Rollläden verdunkelt werden musste, wenn die Kerzen angezündet werden sollten.

Strukturierende Tätigkeit des Kindes

Bemerkenswert an dieser Geschichte ist, dass das Kind in einer bestimmten Situation aus den vielen möglichen Ordnungskriterien jene auswählt, die ihm individuell bedeutsam erscheinen. Hier war es wohl der Kontrast der hellen Kerzen zu der Dunkelheit des Wohnzimmers.

Solche Begebenheiten kann man bei allen Kindern beobachten, allerdings in unterschiedlicher Stärke oder Heftigkeit. Häufig werden sie in ihrer Bedeutung für die Entwicklung des Kindes nicht erkannt. In Wahrheit erlebt das Kind jedoch dabei die Freude, im Chaos unterschiedlichster Erscheinungsformen bestimmte Dinge in ihrer Beziehung zueinander wiederzuerkennen. Deswegen ist es wichtig, dem Kind eine Umgebung zu schaffen, in der alle Gegenstände ihren angestammten Platz haben und jederzeit für den Gebrauch bereit und in ihrer Quantität so maßvoll sind, dass das Kind nicht die Übersicht verliert. Die Gegenstände müssen dem Kind helfen, Ordnungsstrukturen zu finden und zu erproben. Mit ihrem »Sinnesmaterial« schuf Montessori Arbeitsmittel, die dem Kind erlauben, geordnete Erfahrungen z. B. mit Dimensionen, Farben, Geräuschen u. a. zu machen und diese in ihren Gleichheiten, Paarbildungen und Abstufungen zu erleben.

»In einer solchen, in ihren Zusammenhängen bekannten Umwelt vermag das Kind sich zu orientieren, sich zu bewegen und seine Zwecke zu erreichen. Ohne diese Fähigkeit, Beziehungen herzustellen, würde ihm jede Grundlage fehlen, und es befände sich gleichsam in der Lage eines Menschen, der zwar Möbel besitzt, aber keine Wohnung, um sie darin aufzustellen (Montessori 2010b: 89).

In der kleinkindlichen Entwicklungsphase wird das Fundament gelegt für die Fähigkeit des Menschen, sich zu orientieren. Aber die Suche nach Struktur und Ordnung hört damit nicht auf, sondern bezieht sich mit wachsendem Alter auf immer weiter werdende Lebensbereiche. Deswegen ist auch für das Schulkind eine zuverlässige Ordnung unverzichtbar, damit es die gewonnenen Erfahrungen richtig einordnen kann, wie das folgende Beispiel zeigt.

Es ist die fünfte Schulwoche. Conny, ein Erstklässler, steht neben der Lehrerin am Lehrertisch und zeigt ihr seine Arbeit. Unvermittelt sagt er dann: »Weißt du, was an der Schule so schön ist?«

»Was denn?«, fragt die Lehrerin und freut sich schon auf ein Lob.

»Dass man viermal am Tag was zu essen kriegt«, antwortet er.

Die Lehrerin ist verdutzt und versteht nicht, was er meint. Aber Conny erzählt schon weiter: »Morgens gibt es erst Frühstück. Dann ist Frühstückspause in der Schule. Dann Mittagessen und dann noch Abendessen. Aber am Freitag kam die Laura so spät aus der Schule und wir mussten sofort zum Judo. Und dann sind wir zur Oma gefahren. Deswegen gab es kein Mittagessen.« Da verstand die Lehrerin, was er ihr mitteilen wollte: Er hatte entdeckt, dass die Mahlzeiten den Tag strukturieren, dass diese Ordnung aber manchmal auch durchbrochen wird und dass er die Gründe, die dazu führen, verstehen kann.

Der Erwerb der Sprache und die Bedeutung der Gemeinschaft

Eine weitere sensible Phase in der Kleinkindzeit ist die für das Sprechenlernen. Dass wir überhaupt sprechen können, verdanken wir den ersten Kinderjahren. Würde ein Kind in den ersten Jahren seines Lebens ohne menschliche Ansprache aufwachsen, so würde es nur sehr schwer und mit hohem Aufwand sprechen lernen.

Sprechenlernen als Erwerb einer geistigen Welt

Durch die Sprache, die das Kind ganzheitlich erfasst, steht es in einem intensiven Austausch mit seinen Eltern und überhaupt mit anderen Menschen. Zugleich passt sich das Kind dadurch an den Kulturkreis an, in den es hineingeboren worden ist. Es übernimmt dessen Begrifflichkeit und Deutung und gewinnt so eine innere geistige Welt. Durch die Sprache stellt das Kind Gemeinschaft mit anderen Menschen her, es kann Gedanken und Gefühle äußern und sich darüber mit anderen austauschen. Es gewinnt heimatliche Verwurzelung. Je differenzierter der sprachliche Ausdruck ist, in den das Kind hineinwächst, desto differenzierter wird auch seine Fähigkeit, die Wirklichkeit sprachlich zu erfassen.

In der Vorschulzeit erwacht auch das Interesse für Buchstaben. Kinder, die in einer Stadt groß werden, sehen in ihrer Umgebung ganz selbstverständlich viel Geschriebenes und prägen sich die Formen ein. Wenn sie dann auch zu Hause erleben, dass Lesen und Schreiben wichtig sind, wenden sie ihr Interesse auch der Schriftsprache zu.

Der Vater eines 4-jährigen Jungen erzählt: »Wir stehen an der Kreuzung im Stau vor der roten Ampel. Michel guckt aus dem Fenster und betrachtet die Autos neben uns. Unvermittelt höre ich Michel buchstabieren: ›(T –) A – ß – I‹. Bevor ich realisiere, worum es überhaupt geht, schlussfolgert er: ›Taxi!‹. Und ich kann nur noch bestätigen: ›Ja, da steht ›Taxi‹!‹ Begeistert sage ich: ›Michel, du kannst ja lesen!‹ Ein Blick in sein Gesicht lässt mich aber unsicher werden, ob er verstanden hat, dass er gerade gelesen hat.«
Am Abend schreibt Michel auch sein erstes Wort. Der Vater beschreibt das so:
»Michel zeichnet ein Polizeiauto und möchte dann wissen, welche Buchstaben noch in ›Polizei‹ sind, das ›P‹ und das ›I‹ habe er schon. Ich spreche ihm langsam vor: ›POOOLLLLIIIIZZZZAAAAIIII‹, doch der Platz zum Schreiben zwischen dem P, dem U und dem I ist für eine Korrektur zu eng. Also kreuzt Michel die bereits geschriebenen Buchstaben ›P‹, ›U‹ und ›I‹ sorgfältig aus. Ich lautiere noch einmal ganz langsam: ›P – O – L – I – Z – A – I‹ und Michel schreibt: ›P U L I‹ ... Beim ›Z‹ stockt er, und ich schreibe ihm ein ›Z‹ auf. Und weiter geht's – aus Platzgründen vor dem bereits Geschriebenen und fortan von rechts nach links: ›Z A I‹.«

Michel schreibt Polizei

Spontane Aktivität des Kindes

Beide Beobachtungen zeigen, dass der Impuls für das Lesen und Schreiben vom Kind ausgeht und es – scheinbar plötzlich – dazu fähig ist. Es ist das spontane Werk des Kindes, das durch Beobachtung viele Kenntnisse erworben hat und diese Kenntnisse plötzlich strukturiert und neu zusammenfügt.

Das Interesse kleiner Kinder an der Schrift veranlasste Maria Montessori, Arbeitsmittel für das erste Schreiben und Lesen herzustellen, um den 4- und 5-jährigen Kindern die nötigen Anregungen für das spontane Schreiben- und Lesen-Lernen zu geben (Montessori 2010b: 184f).

1.2 Die Entwicklung zwischen 6 und 12 Jahren

Irgendwann zwischen dem 5. und 7. Lebensjahr kann man Änderungen im Verhalten des Kindes beobachten, die darauf hindeuten, dass ein neuer Entwicklungsabschnitt begonnen hat. Zu den in der vorhergehenden Phase zu beobachtenden Entwicklungsbedürfnissen (Bewegung, Ordnung, Sprache) treten neue Sensibilitäten hinzu:

- das Bedürfnis nach Erweiterung des Aktionskreises,
- das Bedürfnis, die Vorstellungskraft zu üben, Kulturtechniken zu erwerben und Naturphänomene zu erforschen,
- das Bedürfnis nach Orientierung in moralischen und sozialen Fragen.

Die Erweiterung des Erfahrungs- und Handlungsraumes

Während das Kind früher im engeren Bereich von Familie und Kindergarten gut aufgehoben war, will es nun seinen Handlungsspielraum erweitern. Der Schuleintritt ist ein Ereignis, das die Kinder als Meilenstein ihres Größerwerdens erleben. Groß werden heißt selbstständig werden. Die Kinder möchten allein zur Schule gehen und erwarten von den Eltern Hilfestellung und Ermutigung, dies auch zu tun.

Hilfe zur Selbstständigkeit

»Hilf mir, es selbst zu tun« (Montessori 2010b: 274): Dieser Satz aus dem Munde eines Kindes ist zu einem Schlagwort der Montessori-Pädagogik geworden. Der erste Teil des Satzes: »Hilf mir ...« erinnert daran, dass das Kind Erwachsene braucht, die ihm Orientierung und Anleitung geben. Der zweite Teil: »... meine Arbeit selbst zu tun« meint, dass die Erwachsenen, nachdem sie Orientierung und Anleitung gegeben haben, wohl zunächst noch zurückhaltend beobachten, dem Kind aber dann den Freiraum und das Vertrauen geben sollen, damit es selbst tätig werden kann. Umsichtige Eltern werden z. B. mit dem Kind den Schulweg abgehen, die Gefahrenpunkte aufzeigen und trainieren, wie man damit umgeht. Sie werden auch entscheiden, ob ihr Kind einen bestimmten, vielleicht langen und gefährlichen Schulweg schon selbst bewältigen kann oder ob es noch eine Weile begleitet werden muss. Eltern, die ihr Kind mit den Worten: »Pass nur ja auf!« auf den Schulweg entlassen, ohne vorher die »Arbeitstechnik« Schulweg eingeübt zu haben, sind zwar auch besorgt, ob ihr Kind heil zur Schule kommt. Aber sie versäumen es, dem Kind an Ort und Stelle zu zeigen, was denn »aufpassen« bedeutet. Sie versetzen es nicht in die Lage, umsichtig zu handeln. Eltern hingegen, die ihr Kind, obwohl es längst allein gehen könnte, auch nach Wochen noch bis zur Schule bringen, nehmen zwar die Hilfe sehr ernst, versagen dem Kind aber in diesem Bereich das Selbstständigwerden.

Soziale Beziehungen

Die Schule bedeutet nicht nur eine Erweiterung des räumlichen Umfeldes, sondern auch der sozialen Kontakte. Das Kind lernt viele neue Kinder kennen, zu denen es in Beziehung treten will oder muss. Mit Begeisterung erlebt es neue Freundschaften, mit Enttäuschung erlebt es das Zerbrechen alter Beziehungen. »Hilf mir, neue Kontakte zu finden oder zerbrochene Beziehungen zu verkraften« bedeutet für die Eltern, die bei den entsprechenden Situationen in der Schule ja nicht anwesend sind, sondern sie nur durch die subjektive Schilderung der Kinder kennen, nicht, dass sie nun ihrerseits tätig werden, um für die Kinder Kontakte herzustellen. Es bedeutet in erster Linie: zuhören und sich einfühlen, wenn das Kind die Schulerlebnisse erzählt; es ermuntern, über Lösungsmöglichkeiten nachzudenken und diese auszuprobieren; erneut zuhören, ob die gefundenen Lösungen erfolgreich waren.

Ein Beispiel: Anna fuhr zum ersten Mal allein mit Bahn und Bus nach Hause. Auf dem Weg von der Haltestelle zum Haus verstellte ihr ein etwa gleichaltriger Nachbarsjunge den Weg und bedrohte sie. Die Mutter schlug ihr vor, dass sie mit den Eltern des Jungen darüber reden könnte. Das wollte Anna aber nicht, weil sie befürchtete, dass der Junge sich später rächen würde. Die Mutter hatte gerade in einem Elternratgeber gute Ratschläge für ähnliche Fälle gelesen und wandte einen Rat daraus jetzt an: »Du darfst deine Angst nicht zeigen. Halte dich ganz gerade, wenn du ihn siehst. Mach dich groß. Denk nicht daran, dass er dir etwas tun will, sondern nimm dir vor, laut zu schreien und zu kämpfen, wenn er dir wirklich etwas tun will. Wenn du laut schreist und kämpfst, wird er auch Angst kriegen und weglaufen.« Am nächsten Tag kam Anna freudestrahlend ins Haus. »Es hat geklappt«, rief sie, »es hat wirklich geklappt! Und weißt du, was das Schönste ist? Er war gar nicht da!« Die Mutter musste lachen und begriff erst später, woher Annas gute Laune kam: Sie hatte einen Weg gefunden, mit ihrer Angst fertig zu werden. In anderen Fällen wird allerdings ein Gespräch mit den Eltern unumgänglich sein.

Das Bedürfnis nach Erweiterung des Aktionskreises betrifft natürlich nicht nur Schule und Schulweg. Es betrifft die Orientierung in der Nachbarschaft, das Erkunden der Familien neu gewonnener Freunde oder die Beteiligung in einer Kinder- oder Jugendgruppe. Stets braucht das Kind dabei Eltern, die ihm Hilfestellung geben und die es, wenn auch nicht mehr immer körperlich, so doch gedanklich begleiten.

Der Erwerb der Kulturtechniken und das Erfassen von Naturphänomenen

Das Grundschulkind freut sich auf die Schule, weil es lernen will. Es will rechnen, schreiben und lesen lernen und damit die Welt der Erwachsenen erobern. In gleicher Weise möchte es die Vorgänge der Natur erforschen und verstehen. Seine Vorstellungskraft entwickelt sich. Es befasst sich jetzt mit Dingen, die es nur noch gedanklich bewegen, aber nicht mehr handgreiflich erfassen kann: mit dem Weltall und der Raumfahrt, mit der Entstehung der Erde, mit den Dinosauriern und den Steinzeitmenschen, mit den Römern und den Rittern. Es fragt nach dem Warum und Woher und nach den Beziehungen, die die Dinge dieser Welt untereinander haben.

Einstellung zur Bildung

Das Kind befindet sich in einer Entwicklungsphase, die besonders fruchtbar dafür ist, das Fundament für Bildung zu legen – oder aber eine Abwehr gegen alles, was »Lernen« heißt, zu entwickeln. Denn nicht nur die Lerninhalte selbst sind wichtig, sondern auch die Art und Weise, wie das Kind in die Welt der Bildung eingeführt wird. Es kann diese als Beglückung erfahren oder als Quelle der Enttäuschung. Deswegen sind die Lehrmethoden, das Verhalten der Lehrer und Lehrerinnen und die Gestaltung der schulischen Räume von entscheidender Bedeutung.

Die Suche nach Orientierung in moralischen und sozialen Fragen

Ähnlich wie das Neugeborene und das Kleinkind nach Orientierung in seiner Umgebung strebt, so sucht das Grundschulkind nach Orientierung in moralischen Fragen.

»So beschäftigt es sich jetzt stark damit, zu wissen, ob das, was es tut, gut oder schlecht getan ist. Das große Problem des Guten und Bösen tut sich vor ihm auf. Diese intensive Beschäftigung ist verbunden mit einer ganz besonderen inneren Sensibilität: dem Gewissen« (Montessori 1966: 29).

Entwicklung eines differenzierten Urteils

Beim Leben und Lernen in einer vertrauten Gruppe erleben die Kinder an sich und anderen viele unterschiedlich zu bewertende Situationen; wenn diese von den Lehrerinnen und Lehrern differenziert gemeistert werden, entwickeln die Kinder ein Verständnis dafür, wie kompliziert die Beurteilung von Handlungen sein kann. Sie erkennen, dass es nicht nur »richtig« und »falsch«, »gut« und »böse« gibt, sondern dass »es in dieser Situation mit diesem Kind richtig war, dies zu tun«, dass aber die gleiche Handlung in einer anderen Situation falsch sein kann. Sie spüren, dass »Gerechtigkeit« nicht bedeutet: »Für alle das Gleiche!«, sondern »Jedem das Seine!«, dass es aber trotzdem für alle gültige Maßstäbe gibt. Sie suchen nach Orientierung, um sich in die Lage zu versetzen, aus eigener Kraft Gut und Böse, Richtig und Falsch zu unterscheiden und auch darin unabhängig zu werden.

Die Kinder reagieren feinfühlig auf Situationen, die nach moralischen Gesichtspunkten beurteilt werden müssen. Probleme bereiten vor allem die Regelverletzungen anderer. Wenn Udo in der Pause der Aufsicht führenden Lehrerin erzählt, dass Maxi und Sebastian ihn umgerempelt und ihn dabei auch noch ausgelacht haben, dann wäre es wirklich falsch zu sagen: »Das kann doch mal passieren!« oder gar: »Man verpetzt seine Mitschüler nicht«. Die Lehrerin weiß zwar, dass sie nicht jedem kleineren Streit nachgehen kann, aber sie muss die Ordnung wiederherstellen, indem sie z. B. nachdrücklich sagt: »Jemanden umstoßen und dann auch noch auslachen – das geht aber wirklich nicht!«

Heftigerem Streit mit körperlichen Auseinandersetzungen muss nachgegangen werden; im Wiederholungsfall sollten Konsequenzen erfolgen. Da es im menschlichen Miteinander immer auch Probleme gibt, müssen sich Lehrer und pädagogische Mitarbeiter auf einen Wertekodex einigen.

Nicht nur die gegenseitige Achtung im Umgang miteinander ist wichtig. Auch den Wert von Fleiß und Ehrlichkeit, von Anstrengung und Engagement erfährt das Kind vor allem durch die Resonanz der Lehrkräfte und Eltern auf sein eigenes Arbeits- und Sozialverhalten. Wie gehen die Lehrkräfte mit den Kindern um, wie können sich die Lehrer selbst für die Lehrinhalte begeistern, wie zeigen sie Anerkennung, wie Missbilligung? All dies zeigt den Wertmaßstab, den sie bei der Erziehung der Kinder anlegen – und den die Kinder von ihnen übernehmen.

1.3 Konsequenzen für die Erziehung

Kinder sind aktive Personen, die die Zielrichtung ihres Lebens in sich tragen und dies durch ihren Willen und ihr Streben nach Unabhängigkeit äußern. Sie sind auf gute Eltern und Erzieher angewiesen, die ihnen Schutz und Anleitung geben und ihnen helfen, sich gesund zu entwickeln.

»Diese Auffassung verlangt vonseiten des Erwachsenen eine größere Sorgfalt und schärfere Beobachtung der wahren kindlichen Bedürfnisse; als erste praktische Tat führt sie dazu, die geeignete *Umgebung zu schaffen*, in der das Kind handeln kann, um erstrebenswerte Ziele zu erreichen, um es so auf den Weg der Ordnung und der Vervollkommnung seiner unbändigen Aktivität zu lenken« (Montessori 2010a: 78).

Die Verantwortung der Erziehenden

An dieser Stelle wird deutlich, wie abhängig Erziehung von der Fähigkeit der Erwachsenen ist, die »wahren Bedürfnisse« des Kindes zu erkennen und die richtigen Konsequenzen daraus zu ziehen. Dieses Dilemma führt in der Praxis der Erziehung immer wieder dazu, dass Positionen in Frage gestellt und Eltern und Erzieher durch unterschiedliche pädagogische Lehrmeinungen und Diskussionen verunsichert werden. Da wir aber Positionen einnehmen müssen, um erziehen zu können, müssen wir eine innere Sicherheit gewinnen. Die Kinder brauchen Halt und Orientierung und suchen diese im Erwachsenen. »Es ist für das Kind unerlässlich, die Sicherheit des Erwachsenen zu spüren« (Montessori 1966: 36).

2.

»Hilf mir, meine Arbeit selbst zu tun«

Die Erzieher

(Eltern, Erzieherinnen, Lehrer und Lehrerinnen)

Das Kind strebt nach Entwicklung seiner Persönlichkeit. Diese Entwicklung muss durch Erziehung unterstützt werden. Erziehung ist ein Wechselspiel zwischen kindlicher Aktivität und Umwelt. Den Erwachsenen kommt dabei eine besondere Bedeutung zu. Davon handelt dieses Kapitel.

2.1 Die Vorbereitung der Erzieherinnen und Erzieher

Kenntnisse über das Kind

Das Streben des Kindes nach Ausbildung seiner Persönlichkeit muss durch Erziehung unterstützt werden. Erziehung ist ein Wechselspiel zwischen kindlicher Aktivität und Umwelt, wobei den Erwachsenen eine besondere Bedeutung zukommt.

Zur Ausbildung von Pädagogen gehört die Entwicklungspsychologie des Kindes. Lehrerinnen und Lehrer an Montessori-Schulen absolvieren ein Studium und staatliche Prüfungen wie andere Lehrkräfte auch. Zusätzlich erwerben sie in einem zweijährigen berufsbegleitenden Lehrgang (»Montessori-Kurs«) das Montessori-Diplom. Dieser Lehrgang, der von den großen Montessori-Vereinen durchgeführt wird und einen festen Qualitätsstandard hat, umfasst das Kennenlernen und Einüben der gesamten Materialien für Kinderhaus und Grundschule sowie die Auseinandersetzung mit den pädagogischen Erkenntnissen Montessoris durch Vorträge, Diskussion und Literatur. Der Lehrgang endet mit schriftlichen und mündlich-praktischen Prüfungen. Anschließende Fortbildungsmöglichkeiten werden gerne genutzt, um die Kenntnisse zu vertiefen und zu erweitern.

Montessori-Diplom

Eltern werden zum Erziehen nicht eigens ausgebildet. Sie greifen auf die Erfahrungen zurück, die sie mit ihren eigenen Eltern und Lehrern gemacht haben, und ergänzen diese durch das, was sie lesen, in Diskussionen erfahren oder in Elternkreisen hören. Eltern, die auf überzeugende Erziehungserfahrungen mit den eigenen Eltern zurückgreifen können, sind oft sicherer in dem, wie sie die eigenen Kinder erziehen, als solche, die die Erziehungsarbeit ihrer Eltern nachträglich ablehnen.

Erziehung – Wissen und eigene Erfahrung

Die Kenntnisse über das Kind müssen durch die Praxis der Beobachtung ergänzt werden. Erst wenn wir das, was wir gelernt haben, auch als »wirklich wahr« entdecken, werden wir unsere Kenntnisse verinnerlichen und uns ganz danach richten können. Ferner werden wir das, was wir über die Psychologie des Kindes lernen, mit den Erinnerungen vergleichen, die wir selber an die eigene Kindheit haben. Das bedeutet, dass der ganz persönliche Lebenslauf eines Erwachsenen Einfluss hat auf die Art und Weise, wie er Kinder verstehen und erziehen wird. Neben der Kenntnis der kindlichen Psyche ist also auch die Kenntnis der eigenen Psyche wichtig.

Kenntnisse über die eigene Person

Eltern haben Wunschvorstellungen von dem, wie und was ihre Kinder einmal werden sollen. Die Schwierigkeit der Erziehung besteht darin, zu erkennen, welchen Weg man gehen muss, um die vielen positiven Erziehungsziele zu erreichen und seinem Kind gerecht zu werden. Ferner entstehen Schwierigkeiten zwischen Eltern und Kind, wenn die jeweiligen Wunschvorstellungen nicht im Einklang miteinander stehen.

Das kindliche Selbst

Das kleine Kind liebt seine Eltern in einer Weise, die ihm eine Distanzierung von ihnen unmöglich macht. Seit frühesten Erdentagen spürt es zwar schon sein eigenes »Selbst«, aber dieses »Selbst« ist in seiner Darstellung nach außen noch klein und schwach und deshalb in Gefahr, von den Eltern nicht erkannt zu werden. Das kleine Kind spürt jedoch sehr genau, wann sein »Selbst« in Gefahr ist, und wehrt sich. Daraus entstehen Konflikte, die vom Erwachsenen zu lösen sind und die ihm auferlegen, die Äußerungen seines kleinen Kindes genau zu beobachten und richtig zu interpretieren und dann entsprechend zu handeln. Erziehung ist also auch für alle erziehenden Personen ein Lernprozess. Er läuft nie fehlerfrei ab, doch dürfen wir davon ausgehen, dass die Erziehung gelingen wird, wenn bei den Erziehenden Liebe, Kenntnisse, Beobachtungsvermögen und Einfühlsamkeit gegeben sind.

Haltungen dem Kind gegenüber

Kenntnisse kann man erwerben; Beobachtung, Einfühlsamkeit und richtiges Handeln kann man nur im Erziehen selbst lernen. Voraussetzung ist eine angemessene innere Haltung des Erwachsenen dem Kind gegenüber. Er muss sich stets bewusst sein, dass seine Kraft und Macht einerseits dem Kind Schutz und Geborgenheit geben, andererseits aber auch zur Verbiegung seiner Persönlichkeit führen kann. Das bedeutet: Er muss seine Macht dosieren und einschränken können, er muss sich in dem, was er tut, selbst in Frage stellen und ändern können.

»Wir müssen erzogen sein, wenn wir erziehen wollen« (Montessori 2010b: 208). Aber Eltern, Erzieher und Lehrer stellen oft fest, dass sie durch ihre Kinder an alle »nicht erzogenen« Stellen ihres Wesens herangeführt werden. Das heißt: Überall dort, wo wir noch mit uns selber in Konflikten leben, werden wir unseren Kindern keine guten Erzieher sein. Hinzu kommt, dass auch Erwachsene Entwicklungsphasen durchlaufen und sich verändern. Typisch für junge Erwachsene ist es z. B., dass sie überkommene Ansichten und Ordnungen überprüfen und eventuell ablehnen und verändern. Es braucht Zeit, bis sich neue Ansichten gebildet und daraus zuverlässige neue oder neu erkannte überkommene Ordnungen gefestigt haben. Auch das kann zur Verunsicherung in der Erziehung führen.

Mögliche Konflikte

Wie im vorangegangenen Kapitel erklärt, brauchen kleine Kinder zuverlässige Ordnungsstrukturen, an denen sie sich orientieren können. Das Bedürfnis junger Erwachsener nach Veränderungen und das Bedürfnis kleiner Kinder nach gleichbleibenden Strukturen können – zum Schaden der Kinder – miteinander kollidieren.

Auch zwischen älteren Erwachsenen und Heranwachsenden kann es aufgrund unterschiedlicher Bedürfnisse bzw. Entwicklungsphasen zu Unstimmigkeiten kommen. So stehen Schulkinder der Welt, in die sie hineingeboren sind, offen und neugierig gegenüber, während ältere Erwachsene manchmal dazu neigen, neuere Entwicklungen allzu misstrauisch zu beurteilen. Ein schönes Beispiel ist folgendes Gespräch zwischen Mutter und Sohn:

Eine Familie ist aufgrund der Initiative ihrer Kinder im Besitz eines Computers, der aber mittlerweile völlig veraltet ist.

»Wir brauchen einen neuen Computer«, sagt der Sohn.

»Der alte ist für das, was wir brauchen, genau richtig«, sagt die Mutter. »Überhaupt – mein bisheriges Leben habe ich auch ohne Computer glücklich verbracht.«

Dem Sohn verschlägt es die Sprache. Er schaut seine Mutter mit einem Blick an, der ihr schlagartig klar macht: Wenn sie sich der Welt von Computer und Internet verweigert, wird sie den Kontakt zu ihren Kindern verlieren, ja zu Kindern und Jugendlichen überhaupt. Denn diese neuen Medien gehören zur Welt der Jugend. Dies muss z. B. für die Erwachsenen ein Grund sein, nicht nur ihre Meinung zu ändern, sondern sich auch mit den neuen Medien auseinanderzusetzen, um deren zahlreiche gestalterische Möglichkeiten zu entdecken und zu nutzen.

Erst wenn Erwachsene sich selber erziehen und ihre Persönlichkeit weiterentwickeln, können sie glaubwürdige Erzieher sein.

Kenntnisse über die Welt

Das Beispiel zeigt, wie Kinder und Jugendliche den Erwachsenen helfen können, die Welt ihrer Gegenwart zu begreifen. Dies erinnert daran, dass wir die Welt, in der wir heute leben, selber verstehen müssen, wenn wir den Kindern Wege in die Welt öffnen wollen – denn das ist ein wichtiger Teil der Erziehung. Wir müssen in der Lage sein, die Welt mit der Neugier von Kindern und der Kritikfähigkeit von Erwachsenen stets neu für uns selbst zu entdecken, um dann einen methodisch-didaktischen Weg zu finden, die Welt den Kindern aufzuschließen. Aber Wissbegier reicht nicht. Erst wenn wir die Welt mit *Liebe* betrachten, können wir sie annehmen, wie sie ist. Montessori schreibt: Es genügt nicht, »dass die Lehrerin sich darauf beschränkt, das Kind zu lieben und es zu verstehen. Sie muss zunächst das Universum lieben und verstehen« (Montessori 1988: 121).

Einstellung zum Unterrichtsstoff

Jeder Unterrichtsstoff war einmal begleitet von der Entdeckerfreude seiner Erfinder; denn alles, was wir lehren, ist erst einmal von Menschen entdeckt oder entwickelt worden. Diese Entdecker- und Anfangsfreude müssen Lehrer nachempfinden und weitergeben können. Sie müssen sich selbst als Teil des Universums sehen können, dazu bestimmt, auch den Kindern zu helfen, ihren Platz und ihre Aufgabe zu finden.

> »Der Lehrer steht einem Individuum gegenüber, das schon die Grundlage der Bildung erworben hat und begierig ist, auf ihr aufzubauen, zu lernen und tiefer in jeden Gegenstand des Interesses einzudringen. (...) Er hat eine riesige Wissensmenge zuzubereiten, um den geistigen Hunger des Kindes zu stillen (...)« (Montessori 1988: 40f).

Wir alle wissen aus der eigenen Schulzeit, dass jene Lehrer und Lehrerinnen, die die Liebe zu ihrem Fach in ihren Unterricht einfließen lassen können, auch uns zu dieser Liebe befähigen.

2.2 »Hilf mir, es selbst zu tun!« – Die Aufgaben der Erzieher

Eigentätigkeit des Kindes

»Hilf mir, es selbst zu tun!« Dieses bekannte Zitat beschreibt in wenigen Worten einen der wichtigsten Aspekte der Erziehung. Es bedeutet, dass wir das Kind darin unterstützen, seine Ziele durch *Eigentätigkeit* zu erreichen. Auch diese Aufgabe setzt viele Aktivitäten seitens der Erzieher voraus. Trotzdem spricht Montessori von der »Passivität« des Erziehers, um zu verdeutlichen, dass die eigentliche Aufbauarbeit durch das Kind geleistet wird.

»Dem Kind gehört der erste Platz und der Lehrer folgt ihm und unterstützt es. Er muss auf seine eigene Aktivität zugunsten des Kindes verzichten. Er muss passiv werden, damit das Kind aktiv werden kann« (Montessori 2008: 30).

Wenn diese Sätze aus dem Zusammenhang genommen und die vielen speziellen Aufgaben des Erziehers nicht mitgenannt werden, können daraus völlig falsche Ansichten über die Rolle des Erziehers in der Montessori-Pädagogik entstehen. Montessori erinnert in diesem Zitat jedoch nur daran, dass die Aktivität des Erwachsenen das Kind nicht an der selbsttätigen Erreichung seiner Ziele hindern darf und deshalb begrenzt werden muss. Weiter heißt es nämlich:

»Es handelt sich bei der Haltung des Erwachsenen dem Kind gegenüber um die *Begrenzung des Einschreitens*. Dem Kind muss geholfen werden, wo das Bedürfnis für Hilfe da ist. Doch schon ein Zuviel dieser Hilfe stört das Kind« (Montessori 2008: 30).

In ihrem Buch *Die Entdeckung des Kindes* beschreibt Montessori an einem Beispiel, was gemeint ist: In einem Kinderhaus hatten sich etliche Kinder um ein Wasserbecken versammelt, um Schwimmkörper zu beobachten. Auch ein 2 ½-jähriger Junge drängte sich zwischen die Kinder, doch gelang es ihm nicht, sich einen Platz in der vorderen Reihe zu erobern. Also sah er sich nach einem Hilfsmittel um und entdeckte einen kleinen Kindersessel, den er sich »mit vor Hoffnung leuchtendem Gesicht« holen wollte, um daraufzusteigen. Aber bevor er sein Vorhaben ausführen konnte, wurde er schon von einer Erzieherin auf den Arm genommen, damit er sehen konnte, was im Becken zu sehen war. »Der Ausdruck von Freude, Sehnsucht und Hoffnung (...) verschwand aus seinem Gesicht, und es blieb der dumme Ausdruck des Kindes, das weiß, dass andere an seiner statt handeln werden« (Montessori 2010a: 66f).

Richtige und falsche Hilfe

In diesem Fall ist die Hilfsbereitschaft der Erzieherin ein Fehler, der den Jungen daran hindert, seine geistigen und körperlichen Energien zu erziehen. Die Schwierigkeit, an der richtigen Stelle »passiv« zu sein, besteht darin, eine Tugend wie die Hilfsbereitschaft der Selbstdisziplin zu unterwerfen. Das haben wir nicht gelernt, wurden wir doch immer zur

Hilfsbereitschaft angehalten. Und die beschriebene Erzieherin hätte sicher ein schlechtes Gewissen gehabt, wenn sie dem Jungen nicht geholfen hätte.

Das Prinzip der Nichteinmischung kann aber auch übertrieben werden: Ein Vater, der seine beiden Töchter täglich einen längeren Schulweg mit dem Auto zur Schule brachte, schickte einmal seine Tochter mit den Worten in die Klasse. »Sie hat ihren Ranzen vergessen. Aber ich habe nichts gesagt, weil sie lernen muss, daran zu denken.« Nun war dieses Mädchen sehr gewissenhaft, und es war ihr furchtbar peinlich, ohne Ranzen zu kommen. Hätte sie in der Nähe der Schule gewohnt, wäre ihr auf dem Schulweg eingefallen, dass sie keinen Ranzen hat; sie wäre umgekehrt und hätte ihn geholt. In diesem Fall liefert der Vater seine Tochter einer Situation aus, die sie nicht selbst wieder in Ordnung bringen kann. So werden nur Ängste entwickelt, aber keine Kräfte gestärkt.

Die Fähigkeit, zu unterscheiden, wann man eingreifen und wann man sich zurückhalten muss, ist schwer und muss geübt werden. Montessori beschreibt die Reaktion ihrer Mitarbeiterinnen so:

»Als die Lehrerinnen es leid waren, sich meine Bemerkungen anzuhören, begannen sie, die Kinder all das tun zu lassen, was sie wollten: Ich sah einige mit den Füßen auf dem Tisch und dem Finger in der Nase, ohne dass die Lehrerinnen eingriffen, um sie zu korrigieren; ich sah, wie einige den Spielkameraden Stöße versetzten mit einem gewalttätigen Ausdruck im Gesicht, ohne dass die Lehrerin auch nur die geringste Bemerkung darüber verlor. Ich musste in solchen Fällen geduldig eingreifen, um zu zeigen, mit welch unbedingter Strenge alle Handlungen zu verbieten und allmählich zu ersticken sind, die das Kind nicht tun soll, damit es klar zwischen Gut und Böse zu unterscheiden lernt« (Montessori 2010a: 67).

Montessori spricht hier nicht nur von der Unterscheidung zwischen Gut und Böse im moralischen Sinn, sondern auch von der Unterscheidung zwischen guten und schlechten Manieren. Auch die Erziehung zu guten Umgangsformen war ihr ein Anliegen.

Die erzieherische Hilfe des Erwachsenen besteht also weder darin, an Kindes statt zu agieren, noch darin, es ziellos gewähren zu lassen, sondern darin, ihm Wege aufzuzeigen, selbstständig und sinnvoll tätig zu sein. Als Erstes ist es nötig, dem Kind eine Umgebung vorzubereiten, in der es anregende Aufgaben für seinen Aktivitätsdrang findet.

Die Vorbereitung der Umgebung

»Das Kind wird durch eine große Mission angetrieben, zu wachsen und ein Erwachsener zu werden. (...) Diese Auffassung verlangt vonseiten des Erwachsenen eine größere Sorgfalt und schärfere Beobachtung der wahren kindlichen Bedürfnisse; als erste praktische Tat führt sie dazu, die geeignete *Umgebung zu schaffen*, in der das Kind handeln kann, um erstrebenswerte Ziele zu erreichen, um es so auf den Weg der Ordnung und der Vervollkommnung seiner unbändigen Aktivität zu lenken« (Montessori 2010a: 78).

Da Kinder in einer Welt leben, die für die Bedürfnisse der Erwachsenen eingerichtet ist, finden sie nicht genügend Zeit und Raum, um ihre eigenen Entwicklungsbedürfnisse zu befriedigen. Denn die Arbeitsweise des kleinen Kindes ist vollkommen verschieden von der Arbeitsweise des Erwachsenen. Deswegen ist es die Aufgabe von Eltern und Erziehern, den Kindern eine Umgebung zu schaffen, in der sie altersentsprechend tätig sein können. Auch wenn die Kinder älter werden und sich ihre Arbeitsweise mehr und mehr der Arbeitsweise der Erwachsenen annähert, brauchen sie Zeit und Raum, um nach ihren Entwicklungsbedürfnissen leben, arbeiten und spielen zu können.

Altersgerechte Umgebung

Im Klassenraum finden die Kinder in Regalen und Schränken ein Angebot an sorgsam ausgesuchten Arbeitsmitteln. Das Material muss bestimmte Kriterien erfüllen, wenn es den Selbsterziehungsprozess des Kindes unterstützen soll; es ist weniger ein »Anschauungsmaterial« als ein »Entwicklungsmaterial«. Es kommt also nicht nur darauf an, dass es geeignet ist, Wissen zu vermitteln, sondern auch, dass es dem Kind die Möglichkeit bietet, selbstständig entdeckend tätig zu werden.

Lehrerinnen und Lehrer müssen eine klare Vorstellung von den Zielen der Freiarbeit haben, um Material auswählen, ergänzen oder selber herstellen zu können. Ferner müssen sie die Handhabung der Arbeitsmittel genau kennen und in der Lage sein, sie so darzubieten, dass sie im Kind ein tiefes Verständnis wecken. In der staatlichen Lehrerausbildung wird auf die praktische Seite des Lehrerberufes meist wenig Wert gelegt. Dass man mit Arbeitsmaterial didaktisch richtig und sachgemäß umgehen kann, wird einfach vorausgesetzt. In den Montessori-Lehrgängen wird dies intensiv geübt, was bei den Teilnehmern manchmal Unwillen hervorruft. Erst in der täglichen Praxis mit den Kindern merkt man, dass durch die genaue Handhabung eines Arbeitsmaterials der Weg zum Verständnis geöffnet und umgekehrt durch unsichere oder fehlerhafte Handhabung der Weg zum Verständnis erschwert werden kann.

Sachgerechter Umgang mit dem Material

So wie Lehrer und Lehrerinnen die Handhabung der Arbeitsmittel sachgerecht einführen sollen, so sollen sie auch vom Kind sachgerecht gebraucht werden. Missbräuchliche Benutzung des Materials führt zu Willkür und hindert das Kind daran, die diesem innewohnende Struktur zu erkennen und zu guten Arbeitsergebnissen zu kommen.

Im Zusammenhang mit der Forderung nach der genauen Handhabung des Materials wird manchmal der Vorwurf erhoben, die Kreativität werde unterbunden. Aber Kreativität kann erst durch Sachgerechtigkeit zur Wirkung kommen.

Sachgerechter Umgang mit Material schließt Fehler nicht aus. Man muss aber unterscheiden können zwischen den Fehlern, die den normalen Lernprozess begleiten und vom Kind selbst durch Wiederholung der Übung überwunden werden, und den Fehlern, die durch falschen Gebrauch des Materials entstehen. Martina rechnet z. B. mit den kleinen blau-roten Stangen Additionen im Zehnerbereich. Die Lehrerin sieht, dass viele Ergebnisse falsch sind, und sie beobachtet, dass Martina beim Zählen der abwechselnd blauen und roten Abschnitte Fehler macht: Handbewegung und Zählen stehen nicht im Einklang; die Hand, mit der sie die blauen und roten Abschnitte berührt, gleitet schneller über die Abschnitte, als Martina dazu zählt. Die Lehrerin muss mit Martina zunächst noch einmal das koordinierte Abzählen üben, ehe Martina mit dem Material richtig rechnen kann.

Auch Uwe rechnet falsch, weil er das Material ungeordnet benutzt. Auf seinem Tisch liegen die blau-roten Wendeplättchen (das sind kleine Chips, wie man sie vom Flohspiel kennt; sie sind auf der einen Seite rot und auf der anderen blau). Wenn Uwe 4 + 5 rechnet, so legt er zwar richtig vier und fünf Plättchen hin, aber weil er die Plättchen der vorhergehenden Aufgabe nicht wegräumt, sondern nur zur Seite schiebt, entsteht schließlich eine Unordnung, die zu fehlerhaften Ergebnissen führt; denn Uwe kann nicht mehr erkennen, welche Plättchen zu der gerade gerechneten Aufgabe gehören.

Anders Laura. Sie rechnet ebenfalls Additionen im Zehnerbereich, und zwar mit den bunten Perltreppchen (das sind auf Draht aufgereihte Perlen, die die Zahlen von 1 bis 9 darstellen). Auch in Lauras Ergebnissen sind Fehler, aber die Lehrerin sieht, dass Laura beim Zählen Sprechen und Handbewegung gut koordiniert und die Perltreppchen geordnet hinlegt. In diesem Fall hält die Lehrerin sich zurück, um den Konzentrationsprozess beim Rechnen nicht zu stören. Sie weiß, dass Laura durch wiederholte Übung im Rechnen sicherer wird. In den beiden ersten Fällen greift die Lehrerin jedoch ein, um die fehlerhafte Durchführung der Arbeit zu beenden und den Kindern noch einmal die geordnete Handhabung des Materials zu zeigen.

Orientierung durch persönliche Autorität

Wie in den vorherigen Abschnitten schon deutlich wurde, ist es nicht die Vorbereitete Umgebung allein, die dem Kind hilft, sinnvoll tätig zu werden. Es sind auch die Erwachsenen, die durch die Ausstrahlung ihrer Person eine geistige und emotional positive Umgebung schaffen. Das Kind braucht Menschen, die ihm Orientierung geben, und zwar sowohl im praktischen Tun wie im geistigen Leben.

Orientierung durch Autorität

»Die Erzieherin und die Kinder sind keineswegs Gleichgestellte. Es sind genug Kinder in der Klasse, als dass die Erzieherin ein Kind unter den Kindern werden müsste. Sie brauchen kein weiteres Kind, sie brauchen einen würdigen, reifen Menschen. Die Kinder müssen die Erzieherin wegen ihrer Bedeutung bewundern. Wenn keine Autorität für sie da ist, so haben die Kinder keine Orientierung« (Montessori 1979: 27).

Eltern und Lehrer führen die Kinder in eine Wertordnung ein, teils durch die Ausstrahlung ihrer Person, teils durch die Regeln, die sie aufstellen und für deren Einhaltung sie verantwortlich sind. Grundschulkinder, die sich in der sensiblen Periode der Gewissensbildung befinden, sind besonders interessiert an moralischen Fragen und Antworten; diese Antworten werden weniger durch Erklärungen als durch tätige Umsetzung in der Wirklichkeit der Familie und der Schule gegeben. Eltern und Lehrer müssen bereit sein, diese Rolle der beispielgebenden Führungskraft zu übernehmen und Denken und Handeln in Einklang bringen. Kinder spüren sofort, ob jemand die verlangte Wertordnung selber »lebt« oder nur von anderen fordert.

Die Fähigkeit der Lehrer, durch persönliche Autorität Orientierung zu geben, kann je nach Kind sehr unterschiedlich angefordert werden. Tim ist z. B. ein Junge mit einer starken Neigung zur Dominanz. In jeder Partner- oder Gruppenarbeit, bei jedem Sportspiel will er der Führer sein und verlangt von seinen Mitschülern Unterordnung und Anerkennung seiner Führerqualitäten, die er zweifelsohne hat. Aber im Eifer von Arbeit und Spiel will er andere Menschen zu Untergebenen machen, die ihm zu folgen haben. So bleibt es nicht aus, dass es häufig zu Konflikten und auch handgreiflichen Auseinandersetzungen kommt, die nur noch mit der Hilfe der Lehrerin zu schlichten sind. Der Lehrerin gegenüber zeigt er insgesamt Respekt, sofern sie in dem, was sie tut, sicher, konsequent und gerecht ist. Es ist offensichtlich, dass er ihre Sicherheit und Stärke deutlich spüren muss; dass er es braucht, eine Autorität zu haben, die ihn in die Schranken weist, wenn er sich nicht an die Regeln hält.

Anders jedoch Alina. Alina trägt ihre Wünsche immer leise und stockend vor, jederzeit bereit, auf ihre Wünsche zu verzichten, falls sie der Lehrerin lästig fallen sollte. Im Gespräch mit Alina muss die Lehrerin ihre Führungsqualitäten ganz anders einsetzen. Sie muss nun geduldig zuhören, bis Alina zu Ende gesprochen hat, und sie in dem, was sie will, ermuntern und bestätigen. Jetzt ist nicht mehr die starke Autorität gefragt, sondern eher die liebevolle Mutter, der sich das Kind anvertrauen kann und die ihm Mut macht, sich durchzusetzen.

Der bewusste und disziplinierte Einsatz von persönlicher Autorität als Macht, wie er bei Kindern wie Tim notwendig ist, fällt manchen Eltern und Lehrern schwer. Sie befürchten, einem Kind durch ihr Verhalten Schaden zuzufügen, und hoffen, dass das entsprechende Kind schon »von allein« oder »mit der Zeit« zu einem sozialverträglichen Verhalten kommen wird. Sie verkennen, dass es bei diesen Kindern nicht an der Einsicht fehlt. Kinder wie Tim loten durch ihre Kampfeslust und ihr Dominanzverhalten Grenzen aus und suchen im Verhalten ihrer Opfer und ihrer Erzieher nach einer Antwort, und zwar nach einer Antwort durch Handlung, nicht durch Diskussion. Unterbleibt diese, so steigert sich die Kampfeslust, und das Kind lernt nicht, seine Aggressionsbereitschaft für sinnvolle Ziele einzusetzen, sondern gewinnt Lust an destruktiven Handlungen (vgl. Eibl-Eibesfeld 1997: 550). Wie oben schon einmal gesagt, fordert Maria Montessori von Lehrern und Lehrerinnen eine Fähigkeit zu klarer Unterscheidung zwischen Handlungen, die zu erlauben, und Handlungen, die zu verbieten sind.

Klarheit im erzieherischen Handeln

Eine deutliche Grenze für Kinder ist die Sicherheit, die durch die Autorität der Lehrer gegeben ist. Diese Rolle als überzeugende »Autoritätsperson« muss man bewusst annehmen und damit Abschied nehmen von der Vorstellung, stets in Harmonie mit den Kindern leben zu können. Wenn man Jonathan ein Pausenverbot verordnet, weil er in der letzten Pause einem Kind in den Bauch getreten hat, oder Lea von ihrer liebsten Freundin wegsetzt, weil sich beide zusammen einen Spaß daraus machen, andere Mädchen zu ärgern, dann fühlt man sich nicht gut. Dann ist die Lehrerrolle anstrengend und unerfreulich. Aber noch unerfreulicher wird es, nicht rechtzeitig zu handeln und damit die Kinder zu ermutigen, ihren destruktiven Tendenzen freien Lauf zu lassen.

Die Kinder lesen am Verhalten der Erzieher ab, nach welchen Werten in der Schule gelebt und gelernt wird. Sie erfassen sehr genau das, was vorgelebt wird, und erkennen die

Unterschiede zwischen Wort und Tat. Taten sind überzeugender als Worte und schaffen hilfreiche Gewohnheiten.

Verständnis von Freiheit und Gehorsam

Die Vorbereitete Umgebung und das Verhalten der Erzieher ermöglichen es den Kindern, sich frei zu bewegen und die Arbeiten eigenständig zu wählen:

Der Lehrer »zeigt dem Kind jede Übung mit Freundlichkeit, mit klaren Bewegungen und großer Genauigkeit. So entsteht dem Kind die Möglichkeit, selbst zu handeln. Und die eigene Handlung wird Willensäußerung. Ohne den Vollzug einer Handlung ist keine Willensäußerung möglich. Das Willensleben ist das Leben der Tat. Unsere Kinder leben und handeln frei und selbstständig in der Gemeinschaft anderer Kinder und werden so zu willensstarken sozialen Wesen (...) Die Freiheit unserer Kinder hat als Grenze die Gemeinschaft, denn Freiheit bedeutet nicht, dass man tut, was man will, sondern Meister seiner selbst zu sein« (Montessori 2008: 32).

Lehrerinnen und Lehrer müssen in der Lage sein, sich zurückzuhalten und ihre Macht und ihre Zielvorstellungen zu begrenzen. Es ist für ein Kind schwer, sich nach seinen eigenen Vorstellungen zu entscheiden, wenn es spürt, dass die Lehrerin »eigentlich« von ihm andere Dinge erwartet, als es selber wählen mochte. Das kann z. B. der Fall sein, wenn ein Kind schwache Leistungen in einem Fach zeigt und die Lehrerin unausgesprochen der Ansicht ist, dass die Freiarbeit vor allem zur Förderung seiner schlechten Leistungen in diesem Fach dient, während das Kind sich viel lieber mit vollem Interesse anderen Arbeiten zuwenden möchte. In diesem Fall ist die Entscheidungsfreiheit des Kindes zu respektieren. Die Lehrerin kann zwar mit dem Kind besprechen, wann es begrenzt und sinnvoll dosiert auch in der Freiarbeit an bestimmten Übungen arbeitet, aber diese Übungen dürfen nie so viel Zeit in Anspruch nehmen, dass das Kind den Eindruck erhält, »seine eigenen« Arbeiten nicht mehr verwirklichen zu können.

Und auch wenn ein Kind z. B. viel umständlicher arbeitet, als es nach Ansicht der Lehrerin nötig wäre, so kann genau dies der richtige Weg für dieses Kind sein.

Freiheit und ihre Grenzen

Andererseits gibt es Situationen oder Arbeitsweisen von Kindern, die die Korrektur durch die Lehrerin brauchen. Wenn z. B. ein Kind die Freiarbeit dazu benutzt, seine Bequemlichkeit zu kultivieren, statt wirklich zu arbeiten, ist es richtig, dass die Lehrerin die Freiheit begrenzt. Aber bevor die Lehrerin eingreift, muss sie immer erst beobachten und überlegen, ob ihre Korrektur oder ihr Ratschlag angebracht ist oder nicht.

Das Gewähren von Freiheit verlangt von Eltern und Lehrern ein sicheres Unterscheidungsvermögen im Hinblick auf die Aktivitäten und Willensäußerungen des Kindes.

»Die wahre Grundlage für die Wirkung der Lehrerin liegt darin, zwei Arten der Tätigkeit unterscheiden zu können, die beide den Anschein von Spontaneität haben. Denn in beiden Fällen handelt das Kind mit seinem eigenen Willen, aber sie haben eine ganz entgegengesetzte Bedeutung. Nur wenn die Lehrerin ein Unterscheidungsvermögen erlangt hat, kann sie Beobachter und Führer werden« (Montessori 1972: 238).

Woran aber soll man die zu unterstützenden Tätigkeiten erkennen? Die zu unterstützende Tätigkeit des Kindes führt zur Konzentration auf eine Sache, zu Disziplin und geistiger Freude an der Arbeit; die zu unterbindenden Aktivitäten des Kindes führen auf Dauer zur Zersplitterung der Kräfte und zur Abwehr von Arbeit und Anstrengung. Viele Kinder möchten in der Freiarbeit z. B. gerne malen. Grundsätzlich ist das Malen eine ebenso achtenswerte Arbeit wie Schreiben oder Rechnen. Aber man macht als Lehrerin bestimmte Erfahrungen, die dazu führen, dass man dem Wunsch, in der Freiarbeit zu malen oder zu zeichnen, Grenzen setzt. Wenn Stefan, ein Erstklässler, malen will, hat er eine Idee, die er umsetzen möchte. Er interessiert sich z. B. für Dinosaurier und möchte nun einen bestimmten Saurier zu Papier bringen. Während er malt, ist er still und konzentriert und kann anschließend zu seinem fertigen Bild eine ganze Geschichte erzählen. Wenn aber Max malen will, so hat er offensichtlich ein anderes Ziel: Es entbindet ihn von der Anstrengung, sich für eine Arbeit zu entscheiden, und er kann beim Malen das tun, was er nach Beobachtung der Lehrerin am liebsten tut, nämlich sich ausgiebig unterhalten. Wenn Nina malen will, ist es oft ein Zeichen von allgemeiner Lustlosigkeit und dem Wunsch, dasselbe zu tun, was Stefan tut. Eine bestimmte Aktivität kann also bei dem einen Kind eine Arbeit sein und bei einem anderen eine Beschäftigung, die es erlaubt, einer Anstrengung auszuweichen.

Unterscheidungskriterien

Hinführung zur konzentrierten Arbeit – Die Stille

Die Kunst des guten Lehrers liegt darin, so lange aktiv zu sein, bis eine anhaltende Beziehung zwischen Kind und Sache zustande gekommen ist, um sich dann wieder zurückzunehmen und dem Kind die Aktivität vollkommen zu überlassen. Die Art und Weise, wie die Lehrer ein Material einführen, wie gut sie erklären oder wie spannend sie erzählen können, hat Einfluss darauf, ob sich eine Sache für ein Kind so erschließt, dass es sich dafür begeistern kann.

Natürliches Interesse

Ein psychisch gesund entwickeltes Kind hat ein spontanes Neugierverhalten und lässt sich durch eine anregende Umgebung und eine anregende Lehrerin leicht für eine Arbeit interessieren. Es ist keine Seltenheit, dass bereits Erstklässler zwei volle Schulstunden mit einer sie interessierenden Arbeit verbringen können, wenn sie sich frei dafür entschieden haben.

Schwieriger wird es bei Kindern, deren Arbeitsverhalten labil ist. Diese Kinder lassen sich schlecht motivieren; oder sie lassen sich schnell begeistern, halten eine Anstrengung aber nicht durch; oder sie sind so leicht ablenkbar, dass es kaum gelingt, ihre Aufmerksamkeit auf die Arbeit zu lenken. Die Lehrer müssen findig darin sein, auch diese

Kinder auf den Weg der Konzentration zu bringen – wie, das ist ihre Sache. Montessori gibt dazu zwar Ratschläge, aber keine »Rezepte« und weist darauf hin, dass dies der Entscheidung der Lehrerin überlassen bleibt.

»Die Lehrerin muss ihr Material aus der Schule nehmen und ihre Prinzipien aus dem, was sie gelernt hat, und dann muss sie in der Praxis allein die Frage des Anrufs lösen. Nur ihre Intelligenz kann das Problem lösen, das in jedem einzelnen Fall unterschiedlich sein wird« (Montessori 1972: 242; vgl. auch 237–258).

Hilfreich sind anerkennende Formen der Zuwendung: vertrauensvolles Interesse an der Arbeit der Kinder, Beachtung der vielen Kinder, die sich Mühe geben, gut zu arbeiten, keine Überbetonung der wenigen mit undiszipliniertem Verhalten sowie Übungsformen, die zum Stillwerden führen. Die Stille führt zu einer friedlichen Arbeitsatmosphäre. Sie hilft, Konzentration zu ermöglichen. Deswegen achten Montessori-Schulen auf eine bewusst ruhige Arbeitsatmosphäre.

Wenn Klassen an die Freiarbeit herangeführt werden, so muss die Stille erst erlernt werden. Es gibt Kinder, die sogar erst flüstern lernen müssen; sie machen den Eindruck, als wäre von ihnen noch nie leises Sprechen erwartet worden. In der Zeit der Freiarbeit kann man üben, eine bestimmte Zeiteinheit von 10 oder 20 Minuten ohne Worte in Stille zu arbeiten. Die Lehrerin nennt es Silentium. Sie schreibt ein entsprechendes Zeichen an die Tafel und auch die Uhrzeit, wann das Silentium beendet ist. Sie erklärt, wie man sich im Silentium verständigen kann: durch Gestik und Mimik. Wenn man schon schreiben und lesen kann, schreibt man am besten auf, was man will. Die Lehrerin selbst darf auch nicht sprechen, auch sie verständigt sich mit Gestik und Mimik oder schreibt auf, was sie will. Für die Kinder, die das zum ersten Mal erleben, ist dies eine völlig neue Erfahrung: nicht zu reden, obwohl man es so dringend möchte. Nicht alle Kinder schaffen es zu Beginn, die Regeln des Silentiums einzuhalten. Auch das ist eine Frage der Übung.

Phasen der Stille

Statt »sich konzentrieren« könnte man auch »sich versenken« sagen. Sich-versenken-Können erinnert an Meditation. In der Meditation findet man zu sich selber und kann seine inneren Interessen wieder spüren. Die oben genannten Übungen können die Kinder für dieses Stillwerden sensibilisieren. Man sollte sie so häufig durchführen, dass sie den Kindern geläufig werden. Man erfährt dann, dass Kinder Freude an diesen Übungen haben. Sie fragen: »Können wir nicht mal Silentium machen?« Und es geschieht nicht selten, dass es noch längere Zeit nach dem Ende des Silentiums sehr still bleibt.

Schutz der konzentrierten Tätigkeit

In dem Moment, wo sich das Kind einer Sache konzentriert zuwendet, muss sich der Lehrer konsequent zurückhalten und das Kind ganz in Ruhe lassen. Ein Wort, ein Ratschlag, ja sogar ein Lob ist geeignet, die beginnende Konzentration zu stören und das

Kind von seinem gerade gefundenen Weg wieder abzubringen. Montessori erwartet von Erziehern und Lehrern eine »disziplinierte Liebe« (Montessori 1972: 253), die erkennt, wann die Grenzen ihres Handelns gekommen sind. Die Arbeit des Kindes ist auch der Erfolg des Kindes, und die Aktivität der Lehrer ist in diesem Moment beendet. Wenn das Kind trotzdem beobachtet werden soll, so muss die Beobachtung sehr feinfühlig sein und so durchgeführt werden, dass das Kind sie nicht bemerkt. Auch Kinder können nicht gut arbeiten, wenn sie sich beobachtet fühlen, ebenso wenig wie Erwachsene. Die Nichteinmischung bezieht sich also auf das gesamte Verhalten des Lehrers oder der Lehrerin. Nun ist es nur noch deren Aufgabe, das Kind arbeiten zu lassen und es vor Störungen zu schützen.

Selbstdisziplin als Aufgabe der Lehrenden

Der Schutz der konzentrierten Tätigkeit des Kindes verlangt von Lehrern und Lehrerinnen eine dauernde Selbstdisziplin. Diese besteht darin, alle Regeln, die für Freiarbeit und Klassenunterricht gelten, selbst einzuhalten. Auch Lehrer und Lehrerinnen dürfen während der Freiarbeit nur leise sprechen; sie dürfen nicht mit einem plötzlichen: »Kinder, hört mal alle her …« die Kinder aus der Arbeit reißen, sondern müssen einen Zeitpunkt abwarten, der für eine allgemeine Anweisung günstig ist. Wenn es wirklich nötig ist, alle Kinder der Klasse anzusprechen, so müssen sie dies in ruhiger Weise tun und den Kindern Zeit geben, sich von den eigenen Gedanken zu lösen und sich auf die nun folgenden Anweisungen oder Erklärungen einzustellen.

Bestätigung und Anerkennung

Wenn die Phase konzentrierter Arbeit vorbei ist, kann es durchaus sein, dass das Kind seine Arbeit anderen Kindern oder der Lehrerin zeigen möchte und nach Bestätigung verlangt.

> »Wenn das Kind in seiner intelligenten Tätigkeit etwas vollbracht hat – eine Zeichnung, ein geschriebenes Wort oder irgendeine andere kleine Arbeit –, so geht es zur Lehrerin und möchte, dass diese ihm sagt, ob es seine Arbeit gut gemacht hat. Das Kind geht nicht fragen, was es tun soll und wie es etwas tun soll, und verteidigt sich gegen jede Hilfe: Die Wahl und die Ausführung sind Vorteile und Errungenschaften der befreiten Seele. Aber wenn die Arbeit getan ist, verlangt das Kind nach der Bestätigung durch seine Lehrerin« (Montessori 1972: 247).

Dies ist der Zeitpunkt für Lob und Anerkennung durch die Lehrerin; sie zeigt ihre Freude an der gelungenen Arbeit des Kindes und nimmt dadurch persönlichen Anteil an dem, was das Kind tut. Auch Hinweise auf notwendige Korrekturen können nun, nach getaner Arbeit, erfolgen.

Anerkennung ist ein wichtiger Faktor in der Beziehung zwischen Kind und Erwachsenen. Das meint nicht, häufig zu sagen: »Das hast du toll gemacht!« Es bedeutet: wirklich hinsehen, was das Kind getan hat, und seine Fähigkeiten oder seine Sicht der Dinge mit innerer Freude wahrnehmen. Diese Haltung des Erwachsenen spürt das Kind, und die Wertschätzung ist Nahrung für seine Seele.

Wertschätzung

Hin und wieder kann man hören, Montessori sei gegen das Loben, weil es die Kinder in ihrem eigenen Wollen beeinträchtige. Vermutlich sind solche Fehldeutungen entstanden, weil Montessori eine Erziehungspraxis kritisiert, die sich auf ein System von Lob und Strafe gründet (vgl. Montessori 2010b: 172). Sie weist aber nur darauf hin, dass Kinder aufgrund ihrer individuellen Interessen eine spontane Arbeitsmotivation haben und diese nicht durch ein System von Lob und Strafe hervorgerufen wird.

2.3 Rückwirkungen auf die Erzieher

Die Arbeit mit Kindern hat Rückwirkungen auf die Erzieher. Einmal kann das, was wir lehren, aufregend und neu bleiben, wenn wir lernen, es immer wieder mit der Entdeckermentalität von Kindern zu sehen. Zum anderen gewinnt man tiefere Erkenntnisse über das Wesen der Kindheit, das Werden des Menschen und die überraschende Vielfalt an individuellen Möglichkeiten. Diese Erfahrungen macht man nur in einer Umgebung, die es den Kindern erlaubt, frei tätig zu sein und auf diese Weise ihre altersgemäßen Entwicklungsbedürfnisse und überhaupt ihre Individualität zum Ausdruck zu bringen.

Voraussetzung ist die Fähigkeit, unvoreingenommen zu beobachten. »Unvoreingenommen« bedeutet, eigene pädagogische Zielsetzungen, bestimmte Erwartungen sowie alles über das Kind Gelernte innerlich wegzuschieben. Nur dann ist man fähig, zu sehen, was wirklich ist.

Unvoreingenommenheit

Die innere Haltung der Erzieher zur Heterogenität und Individualität der Menschen verändert sich. Dieses Sicheinlassen auf die Verschiedenheit der Kinder und ihrer Lernwege führt zu einem tieferen Verständnis von Lernen und Erziehung und macht den Lehrerberuf spannend.

2.4 Die Zusammenarbeit von Eltern und Lehrern

Es wird oft gefragt, ob es an Montessori-Schulen eine besondere, von anderen Schulen abweichende Art der Zusammenarbeit zwischen Eltern und Lehrern gibt. Dazu ist Folgendes zu sagen: Die wichtigste Form der Zusammenarbeit von Eltern und Lehrern ist das Erziehen nach den gleichen pädagogischen Prinzipien. Nun werden die meisten Eltern, die ihr Kind in einer Montessori-Schule anmelden wollen, keine vertieften Kenntnisse über Montessori Pädagogik haben. Aber es wird erwartet, dass die Eltern an den Informations-

Erwartungen an die Eltern

und Elternabenden teilnehmen, bei denen über die Arbeit in der Schule und in der Klasse berichtet wird. Und wenn eine Schule Informationsschriften über ihr Schulprofil hat, so sollten auch diese gelesen werden. Die Teilnahme an den Elternsprechtagen oder anderen Einzelgesprächen muss selbstverständlich sein. Dabei ist es nicht nur für die Eltern wichtig, etwas über die schulische Arbeit ihres Kindes zu erfahren, sondern auch für die Lehrer und Lehrerinnen, die häuslichen Verhältnisse und die Entwicklung des Kindes in der Familie kennenzulernen. In diesen Einzelgesprächen, in denen es immer konkret um ein bestimmtes Kind geht, können bestimmte pädagogische Prinzipien gezielt erklärt werden. So wird man z. B. in dem einen Gespräch das pädagogische Prinzip der Entwicklungsfreiheit so erklären, dass besonders die notwendigen Begrenzungen betont werden. Und in einem anderen Gespräch mit anderen Eltern wird man vielleicht das gleiche Prinzip so deuten, dass man zu mehr Freiheit ermuntert.

Einzelgespräche

Darüber hinaus brauchen die Kinder die Hilfen, die allgemein für die schulische Arbeit gelten. Viele Kinder möchten z. B. bei den Hausaufgaben – falls diese nicht in der schulischen Betreuungszeit erledigt werden – Vater oder Mutter in der Nähe wissen, sei es, dass sie bestätigt haben wollen, was sie schon wissen, sei es, dass sie etwas erklärt haben möchten. Einige Kinder brauchen die regelmäßige Unterstützung der Eltern, wenn es um die Ordnung im Ranzen, im Mäppchen, bei Heften und Schulbüchern geht. Auch Elternbriefe sollten im Ranzen gefunden und gelesen werden, wenn ein Kind sie nur unzuverlässig zu Hause abgibt. Kinder, die elterliche Zuwendung bei schulischen Aufgaben erfahren, spüren, dass die Eltern die Schule auch wichtig nehmen. Das hilft den Kindern, sich auf Anforderungen einzustellen.

Auch gesamtschulische Aktivitäten wie Schulfeste, Projektwochen usw. können ohne Mitarbeit der Eltern nicht durchgeführt werden. Lehrer und Lehrerinnen sollten aber bei allen Aktivitäten, bei denen sie auf die Mithilfe der Eltern angewiesen sind, daran denken, dass diese durch Beruf und Familie wenig Zeit haben, zusätzliche Aufgaben zu übernehmen.

2.5 Schulleitung und Kollegium

»An einem Strang ziehen«

Alle Lehrkräfte und Mitarbeiter einer Schule müssen eine einheitliche pädagogische Basis haben, wenn sie die schulische Arbeit überzeugend gestalten wollen. In einer Montessori-Schule wäre es untragbar, wenn nicht alle Kolleginnen und Kollegen sich auf die erzieherischen und didaktischen Prinzipien der Montessori-Pädagogik einstellen würden. Es kommt zwar relativ oft vor, dass Lehrerinnen oder Lehrer einer Montessori-Schule zugewiesen werden, ohne dass sie das Montessori-Diplom besitzen. Aber dies ist kein Problem, wenn bei diesen Kollegen die innere und äußere Bereitschaft vorhanden ist, sich einarbeiten zu lassen und bei nächster Gelegenheit am Montessori-Lehrgang teilzunehmen und das Diplom zu erwerben.

Die Prinzipien für die Erziehung der Kinder gelten auch für Erwachsene. Zusammenfassend kann man sagen: Schulleitung und Kollegium sollten kollegial miteinander umgehen, sich gegenseitig in ihren verschiedenen Begabungen anerkennen und sich engagiert einsetzen, um ihre gemeinsamen Ziele zu erreichen.

3.

»Schule tut gut«

Die Klassen- und Schulgemeinschaft

Kinder lernen gerne in einer Gemeinschaft mit anderen Kindern. Eine anregende Klassen- und Schulgemeinschaft ist dem Lernen förderlich. In diesem Kapitel wird erläutert, welche Gesichtspunkte für die Gestaltung der Klassen und Schulgemeinschaft gelten.

3.1 Die Kindergruppe

Wenn ein Kind in die Schule kommt, ist seine soziale Kompetenz bereits gut entwickelt, sofern es Gelegenheit hatte, in Familie und Kindergarten viele Erfahrungen mit anderen Kindern zu machen. Im Laufe der Grundschulzeit erhält jedoch die Gruppe aus Kindern der gleichen Entwicklungsphase eine neue Bedeutung. Den Kindern wird es sehr wichtig, von Mitschülern und Mitschülerinnen anerkannt zu sein; die Kooperation mit anderen wird zu einer wesentlichen Arbeitsmotivation. Sie werden fähig, Regeln für das Gruppenleben anzuerkennen und einzuhalten.

Kooperation zwischen den Kindern

Wenn Kinder Arbeitsgruppen bilden, so achten sie ganz selbstverständlich darauf, dass die Gruppe ausgewogen ist. Sie mögen nicht, dass sich jemand während der Arbeit hervortut, und sie mögen es auch nicht, wenn das eigene Arbeitsvolumen zu klein ist. Jedes Kind möchte gleichwertig aktiv sein, seine Fähigkeiten einbringen, die Fähigkeiten der anderen nutzen, diese auch anerkennen und selber in dem, was es tut, anerkannt sein.

Wir sind daran gewöhnt, dass die Kinder einer Schule in Jahrgangsklassen zusammengefasst sind. Um jedoch die Möglichkeiten der Kooperation zu erweitern und um das gemeinsame Lernen und Lehren zu steigern, hält Montessori die Altersmischung nicht nur im Kindergarten, sondern auch in der Schule für den richtigen Weg.

3.2. Erziehungs- und Lernziele in der jahrgangsgemischten Klasse

Kinder lernen voneinander in einer Weise, die Eltern und Erzieher nicht ersetzen können. Da sie einander in ihrem Fühlen und Denken, in Sprache und Vorstellungsweise näher stehen als den Erwachsenen, können sie Erkenntnisse oft entsprechend einfacher weitergeben. Wenn jüngere Kinder älteren bei deren Arbeiten zuschauen, so wird bereits ein erstes Interesse für künftige Aufgaben geweckt und dadurch der Zugang zu neuen Wissensgebieten erleichtert. Beobachten und »Abgucken« sind wichtige Grundlagen für das Lernen.

Jüngere und Ältere – gegenseitige Förderung

Werden die Älteren von den Jüngeren bei einer Arbeit um Erklärungen gebeten, so müssen diese das eigene Wissen rekapitulieren und verständlich formulieren, um es entsprechend weitergeben zu können. Dadurch erleben die Älteren selbst einen Zuwachs an Fähigkeiten. Außerdem werden sie in ihrem Selbstbewusstsein gestärkt, denn sie merken, dass das, was ihnen früher einmal selbst als schwierig erschien, heute leicht für sie ist. In ihrem Vortrag *Über den Grundriss der Montessori-Schule* schreibt Montessori:

»Die Hauptsache ist, dass die Gruppen verschiedene Altersstufen umfassen, weil das großen Einfluss auf die Bildungsentwicklung des Kindes hat. Dies wird durch die Beziehungen der Kinder untereinander selbst erreicht. Sie können sich kaum vorstellen, wie gut ein kleines Kind von einem älteren Kind lernt; wie geduldig das ältere Kind mit den Schwierigkeiten des jüngeren ist. Es sieht beinahe aus, als ob das jüngere Kind für das ältere einen Arbeitsstoff darstellte. Ich habe oft aufgehört, sie zu beobachten, und gedacht: Ist es für das ältere Kind nicht eine Vergeudung von Zeit? Aber dann wurde mir klar, dass, wenn man etwas lehrt, einem selbst der Gegenstand klarer wird. Durch nichts lernen Sie mehr als durch das Lehren anderer, besonders wenn Sie den Gegenstand nicht sehr gut beherrschen. Denn die Anstrengungen des anderen wirken wie eine Fehlerkontrolle für Sie selbst und regen Sie an, mehr Kenntnis zu erwerben, um dem andern zu vermitteln, was er braucht« (Montessori 1979: 87).

Soziale Vorteile der Altersmischung

Auch auf den sozialen Umgang wirkt sich die Altersmischung bereichernd aus. Eingeübte Regeln für das Leben in der Gemeinschaft werden von jüngeren Kindern leichter übernommen, wenn sie nicht nur von der Lehrerin, sondern auch von den älteren Kindern der Gruppe eingefordert werden. Ältere Kinder erleben sich im Spiegel der kleineren als reifer, was sie in ihrem Verantwortungsbewusstsein stärkt. Hinzu kommt eine typische Eigenart von Grundschulkindern, die oft zu beobachten ist, nämlich die Anerkennung einer bestimmten Rangordnung: Ältere werden allein aufgrund ihres höheren Alters geachtet, Jüngere aufgrund ihres Alters geschont. Gestört wird die Selbstverständlichkeit der Rangordnung nur durch rücksichtsloses Verhalten der Kinder selbst.

Im sozialen Umgang miteinander kommen aber natürlich nicht nur Gefühle von Zuneigung und Anerkennung vor, sondern auch Rivalität und Eifersucht. Diese stellen sich z. B. ein, wenn Lehrer jahrgangsgemischter Klassen in den Fehler verfallen, die Älteren etwas zu vernachlässigen, in dem Glauben, sie brauchten ihre Zuwendung weniger. Dann entwickeln die älteren Kinder eine Abneigung gegen die jüngeren. Es ist jedoch leicht, diesen Fehler abzustellen, wenn man ihn einmal erkannt hat. Es kann sogar von Vorteil sein, den Älteren ein wenig mehr an Zuwendung zu geben; dies führt eher dazu, dass die Älteren ihrerseits gerne Verantwortung für die Jüngeren übernehmen. Es kommt auch vor, dass ein älteres Kind spürt, dass ein jüngeres aufgrund seiner raschen Auffassungsgabe mehr kann als es selbst. Dann erlebt es Gefühle der Eifersucht und der Abwehr. Auch dies gehört zum Lernprozess dazu: Erkenntnisse über sich selbst zu gewinnen und Konflikte auszuhalten. In einer Klassengemeinschaft, in der einerseits jeder in seinem Können anerkannt und entsprechend gefördert wird, andererseits aber keiner wegen seiner Schwächen ausgelacht wird, kann ein Kind in die Erkenntnis seiner eigenen Person hineinwachsen und diese mit ihren Stärken und Schwächen annehmen.

Man könnte sagen: Zwischen älteren und jüngeren Kindern herrscht ein eher pädagogisches, zwischen gleichaltrigen ein eher partnerschaftliches Verhältnis. Dort, wo sich zwischen zwei Kindern deutlich verschiedenen Alters feste freundschaftliche Beziehungen bilden, ist eines der Kinder meist akzeleriert bzw. retardiert. Man kann an diesen Freundschaftsbindungen erkennen, dass eine gemeinsame Entwicklungshöhe bei gemeinsamer Interessenlage wichtiger ist als das rechnerische Alter. Dies führt auch dazu, dass Kinder, die in ihrer Entwicklung reifer bzw. retardierter oder besonders begabt bzw. leistungsschwach sind, sich in einer altersgemischten Klasse selbstständig der Gruppe zuordnen, zu der sie ihrem Entwicklungs- und Kenntnisstand nach gehören. Kinder haben ein feines Gespür dafür, wo sie »hinpassen«, und es ist sehr wichtig für sie, in die richtige Freundesgruppe aufgenommen zu sein. Die größere entwicklungs- und begabungsbedingte Bandbreite einer jahrgangsgemischten Klasse führt im Übrigen logischerweise auch dazu, dass leistungsschwache Kinder die Grundschule in fünf Jahren vollenden, ohne die Klasse wechseln zu müssen, und die besonders begabten und motivierten Kinder nach drei Jahren die Grundschule verlassen, ohne dass sie eine Klasse »übersprungen« haben.

Bildung von Freundesgruppen

Niko, geboren am 31. Oktober, hätte auf Antrag der Eltern als 5-Jähriger eingeschult werden können. Die Eltern und die Erzieherinnen des Kindergartens hielten die Einschulung aber noch für verfrüht, sodass Niko erst im folgenden Jahr eingeschult wurde. Er war dann 6 Jahre und wurde im Oktober 7. Im Laufe des 1. Schuljahres arbeitete Niko mit großer Geschwindigkeit. Ende November hatte er sein Mathematikbuch bis zum Ende durchgearbeitet und das darin enthaltene Lernpensum im Zahlenraum bis 20 sicher verstanden. Er arbeitete auch mit dem Goldenen Perlenmaterial und dem Markenspiel und zeigte ein sicheres Gespür für den Aufbau der Zahlen. Er wirkte, als wenn er einer angestauten Lernbegier endlich freien Raum geben könnte. Im Lesenlernen war er nicht ganz so flott, und auch das Schreiben ging ihm mühevoller von der Hand. Trotzdem hatte er am Ende des Schuljahres die Lernziele des 1. Schuljahres weit überschritten und viele Freunde bei den Älteren, den Zweitklässlern, gefunden. In den nächsten Jahren behielt er sein Lerntempo mühelos bei. Es zeigte sich, dass Niko selbst durch seine gesamte Entwicklung die für ihn verspätete Einschulung rückgängig machte, indem er sich einen Platz bei den älteren Kindern sicherte. So war es die logische Konsequenz, dass er nach drei Schulbesuchsjahren auf das Gymnasium wechselte.

Zwei Beispiele

Schwieriger wäre es für Niko gewesen, wenn er zu den Älteren gehört und keine noch älteren Kinder vorgefunden hätte, denen er sich hätte zuordnen könnte. Kinder möchten gerne zu einer Gruppe gehören. Deswegen kommt es vor, dass Kinder ihren Arbeitseifer bremsen, um ihre Freunde nicht zu verlieren. Bei der Klasseneinteilung zu Beginn des Schuljahres ist es also günstig, das Alter und auch eventuelle Vorkenntnisse des Kindes zu berücksichtigen.

Außerdem kann es natürlich auch vorkommen, dass Kinder fünf Schulbesuchsjahre durchlaufen, weil ihnen das kognitive Lernen schwer fällt. Juliane z. B. arbeitet stetig und gleichmäßig, hat aber oft Mühe, das Gelernte im Gedächtnis zu behalten. Trotz vieler Übungen mit den Sandpapierbuchstaben und der Anlauttabelle kann sie sich etliche Buchstaben nur schwer merken, sodass sich der Leselernprozess über eineinhalb Jahre hinzieht. Auch die Zahlenvorstellung bleibt schwach. Rechnet sie ohne Goldenes Perlenmaterial, verwechselt sie immer die Einer und die Zehner und schreibt die Zahlen falsch auf. Im sachunterrichtlichen Bereich interessiert sie sich sehr für Tiere, doch führt auch hier die schwache Merkfähigkeit dazu, dass die Lernvorgänge sehr häufig wiederholt werden müssen. Besonderes Geschick zeigt sie beim Zeichnen, Malen und Basteln. Sie arbeitet ideenreich und sehr selbstständig. Die Lernerfolge im kognitiven Bereich sind jedoch insgesamt so gering, dass Juliane ein Schuljahr wiederholt, ohne jedoch die Klasse wechseln zu müssen.

3.3 Gesichtspunkte für die Umsetzung von jahrgangsgemischten Klassen

Die Altersmischung

Eine optimale Altersmischung ist die Zusammenfassung dreier Jahrgänge einer Entwicklungsstufe, wie dies z. B. von Kindergartengruppen her allgemein geläufig ist. Dort sind die 3- bis 5-jährigen Kinder in einer Gruppe zusammengefasst, wobei – bedingt durch die Schulgesetze – auch noch 6-Jährige in dieser Gruppe sein können.

Auch in der Schule wäre die Zusammenfassung dreier Jahrgänge die optimale Altersmischung. Als die Volksschulen noch nicht in Grund- und Hauptschulen unterteilt waren, bildeten die 6- bis 8-Jährigen (1.–3. Schuljahr), die 9- bis 11-Jährigen (4.–6. Schuljahr) und die 12- bis 14-Jährigen (7.–9. Schuljahr) eine Lerngruppe.

Organisatorische Modelle

Als in den 1960er Jahren die Volksschulen in Grund- und Hauptschulen unterteilt wurden, mussten die Montessori-Schulen – die damals Volksschulen waren – neue Modelle entwickeln, um die Altersmischung zu verwirklichen. Einige Schulen beließen es bei drei Jahrgängen pro Klasse und fassten die Viertklässler in einer reinen Jahrgangsklasse zusammen. Andere Schulen bildeten Klassen mit vier Jahrgängen. Bei diesem Modell folgte auf eine dreistündige Freiarbeit der ergänzende Unterricht, in dem die Kinder desselben Jahrgangs aus den Parallelklassen zu reinen Jahrgangsgruppen oder zu gemischten Gruppen mit zwei Jahrgängen zusammengefasst wurden. Wieder andere Schulen bildeten Klassen aus jeweils zwei Jahrgängen mit einem Klassenlehrerwechsel nach dem 2. Schuljahr.

Die Schulen, die in den vier Schulbesuchsjahren einen Klassenlehrerwechsel vermeiden und die Kinder auch im ergänzenden Unterricht im Klassenverband unterrichten wollten, bildeten Klassen mit zwei Jahrgängen, die gemeinsam aus dem 1./2. ins 2./3. und dann ins 3./4. Schuljahr aufstiegen und im nächsten Jahr wieder neue Erstklässler in die Klasse aufnahmen.

Keine dieser beschriebenen Altersmischungen ist ideal, da eine vierjährige Grundschule die Idealform nicht mehr zulässt. In den letzten Jahren ist die Zusammenfassung von vier Jahrgängen in einer Klasse zum bevorzugten Modell der meisten Montessori-Grundschulen geworden, wobei die Kinder nicht nur in der Freiarbeit, sondern oft auch im ergänzenden Unterricht zusammenbleiben. Wenn man sich wirklich auf die Unterschiedlichkeit der Begabungen und Charaktereigenschaften, des Geschlechts und des Alters einlässt, so gewinnt man eine andere Sichtweise von Lernprozessen und lernt, den Unterricht differenziert zu gestalten.

Klassenfrequenz und Gruppengröße bei den Gleichaltrigen

Montessori fordert für die altersgemischte Lerngruppe eine große Zahl von Kindern, weil sich damit die Chance erhöht, von vielen unterschiedlichen Charakteren zu lernen. Unterschiedlichkeit regt zum Lernen und Nachdenken an, sie ist anregender als Gleichheit. Dass eine Lerngruppe mit Kindern unterschiedlicher Begabungen, verschiedener Jahrgänge und beider Geschlechter anregender ist als eine homogene Gruppe, kann in der täglichen Praxis der Montessori-Schulen immer wieder beobachtet werden. Allerdings fordert sie von den Lehrenden auch, sich ganz auf diese Unterschiedlichkeit einzulassen und das Positive daran zu sehen und zum Tragen zu bringen.

Schwieriger wird es bei der Klassenfrequenz. Montessori meint dazu:

»In solchen Fragen, wie z. B. der Zahl der Kinder, die in einer Klasse sein sollten, um gute Ergebnisse zu erreichen, meinen wir, dass die Klasse am besten zwischen 30 und 40 Kindern zählen soll, aber es mögen auch einige mehr sein. Das hängt von der Fähigkeit der Lehrerin ab. (...) Die wirklich guten Ergebnisse stellen sich ein, wenn die Zahl der Kinder wächst; 25 ist eine ausreichende Zahl und 40 haben wir als die beste Zahl gefunden« (Montessori 1979: 82).

Eine Aussage über die Raumgröße und die Anzahl der betreuenden Pädagogen für diese Gruppe findet sich leider nicht. Nun will heute niemand mehr eine Klasse mit 40 Kindern. Denn eins hat sich zu früher deutlich verändert: Kinder, Eltern, Lehrerinnen und Lehrer sowie die Öffentlichkeit sind anspruchsvoller geworden, was die Leistungen der Schule und was die Zuwendung zu den einzelnen Kindern angeht. Außerdem fällt es etlichen Kindern heute schwerer, sich in eine Gruppe einzuordnen und Regeln zu beachten. Auch der Prozess der Konzentration auf eine Arbeit dauert oft länger und erfordert eine intensivere Führung des Kindes durch die Lehrerin, bis eine bestimmte Ausdauer und Verantwortlichkeit erreicht ist.

Rahmenbedingungen

Die Proportion der Lehrerstellen zur Anzahl der Schüler ist in den Bundesländern unterschiedlich geregelt, und auch, ob die Montessori-Schulen Privatschulen oder öffentliche Schulen sind. In Nordrhein-Westfalen z. B. finden sich wenige private Montessori-Grundschulen, die Mehrzahl der Montessori-Grundschulen sind als Schulen besonderer pädagogischen Prägung in das Regelschulsystem eingeordnet; jeweils einer Klasse von bis zu 30 Kindern steht eine Lehrerstelle zu. Dabei kann die Klassenfrequenz jeweils politisch neu bestimmt werden. Schulgeld wird nicht erhoben.

In Privatschulen – in den meisten anderen Bundesländern sind die Montessori-Schulen aufgrund der Landesgesetze Privatschulen – ist die Klassenfrequenz geringer, und die Klassenleitung wird durch eine Team-Lehrkraft unterstützt. Es wird Schulgeld erhoben.

Kriterien für die Gruppenbildung

Bei der Zusammensetzung einer Klasse darf sich das Augenmerk nicht nur auf die Jahrgangsmischung richten, sondern muss in gleicher Weise auch die Gruppe der Gleichaltrigen beachten. Kinder des gleichen Alters sind für das jeweilige Kind genauso wichtig wie jüngere oder ältere. Ähnlich wie Mädchen gerne mit Mädchen und Jungen gerne mit Jungen spielen, schließen Kinder gerne mit Gleichaltrigen Freundschaft. Bei der Zusammenstellung einer Klasse muss daher die Gruppe der Gleichaltrigen groß genug sein, damit sich Freundesgruppen des gleichen Alters und Geschlechts bilden können.

Wünschenswert ist eine Klassengröße von ca. 24 Kindern. Wenn in einer solchen Klasse vier Jahrgänge von je sechs Kindern sind, so kann die Auswahl an Freunden gleichen Alters zu gering sein. Die Schulen gleichen dies dadurch aus, dass je zwei Klassen zusammenarbeiten. Die Lehrerinnen stimmen ihren Unterricht miteinander ab, gestalten Feste zusammen und führen oft auch die Elternabende parallel durch. Da die Grundschulen am Nachmittag Betreuung anbieten, ist auch hier viel Gelegenheit, Kinder anderer Klassen kennenzulernen und Freunde zu finden.

Der Vorteil der Altersmischung von vier Jahrgängen liegt darin, dass jede Gruppe von Kindern einmal die Rolle der »Kleineren« und später dann die Rolle der »Größeren« einnehmen kann. Um diesen Vorteil zu nutzen und die Nachteile zu verringern, kann man sich auch für höhere Klassenfrequenzen entscheiden. Es liegt auf der Hand, dass sich bei einer Klassenfrequenz von 28 Kindern auch der Spielraum der Gruppenzusammenstellung vergrößert.

Für eine erfolgreiche Arbeit ist aber letztlich nicht die Klassenfrequenz entscheidend, sondern die Zusammensetzung der Schülerschaft.

Gesichtspunkte für die Stundenplangestaltung

Die Klasse sollte nach Möglichkeit vier Jahre von der gleichen Klassenlehrerin geführt werden. Je besser man ein Kind kennenlernt, desto genauer kann man seine Entwicklung beobachten, desto einfühlsamer kann man mit ihm umgehen und desto angemessener kann man es unterrichten. Ferner gibt es Kinder, die lange Zeit brauchen, bis sie im Sozialgefüge der Klasse ihren Platz gefunden und eine relativ feste Beziehung zur Lehrerin aufgebaut haben. Diese Entwicklung würde durch einen Lehrerwechsel gestört.

Kontinuität

Aus denselben Gründen sollte die Klassenlehrerin oder der Klassenlehrer auch nach Möglichkeit mit vielen Stunden in der Klasse unterrichten; vom Fachlehrerprinzip sollte nur mäßig Gebrauch gemacht werden.

Der Unterrichtsmorgen fängt gewöhnlich mit der Freiarbeit an. Freiarbeit ist eine anspruchsvolle Unterrichtsform, die von den Kindern Anstrengungsbereitschaft und Entscheidungsfreude erfordert. Damit sich Arbeitszyklen wirklich entfalten können, muss eine Mindestzeit von zwei Schulstunden gegeben sein; die Mehrzahl der Schulen setzt drei Stunden an, einige auch vier Stunden.

Die Freiarbeit wird ergänzt durch weitere Unterrichtsformen, z. B. durch thematisch gebundenen Unterricht, der in Kleingruppen stattfindet, die aus den Schülern einer Klasse oder aus Schülern desselben Jahrgangs aus den Parallelklassen gebildet werden. Es bietet sich z. B. an, den Sportunterricht für die Viertklässler anders zu gestalten als für die jüngeren Kinder. Die Möglichkeiten der Gestaltung sind verschieden. So gibt es beispielsweise auch Schulen, die einen ganzen Tag lang Freiarbeit ansetzen. In Kapitel 6 ist ein fiktiver Stundenplan zu finden, der eine Möglichkeit zeigt.

Die Einrichtung jahrgangsgemischter Klassen

Als – wie oben erwähnt – in den 1960er Jahren die Montessori-Volksschulen in Grund- und Hauptschulen umgewandelt wurden, hatten die dort tätigen Lehrer bereits reiche Erfahrungen mit der differenzierenden Unterrichtsform der »Freiarbeit«. Sie arbeiteten in einem Kollegium, in dem sie sich gegenseitig stützen und neue Kollegen einarbeiten konnten. Diese Schulen – nunmehr Montessori-Grundschulen – entschieden sich meist für die Jahrgangsmischung mit allen vier Jahrgängen. Da bereits jahrgangsgemischte Klassen mit drei Jahrgängen bestanden, war die Änderung relativ gut zu bewältigen.

Altersmischung in neuen Montessori-Schulen

Größere Probleme hatten und haben die Lehrer bei der Neugründung einer Schule. Gesetzt den Fall, ein privater Träger gründet eine Schule und nimmt nun Anmeldungen für eine erste jahrgangsgemischte Klasse entgegen. Wahrscheinlich werden genug Erstklässler angemeldet. Die älteren Schüler können aber natürlich nur von anderen Schulen umgemeldet werden. Die Motivation der Eltern, ihr Kind umzumelden, wird von sehr unterschiedlichen Motiven und Erwartungen geprägt und die Anzahl pro Jahrgang wird sehr verschieden sein. Ein ausgewogenes Verhältnis der Jahrgangsgruppen zueinander kann erst im Laufe einiger Jahre erreicht werden.

Wieder anders ist es, wenn bestehende Grundschulen sich entschließen, ihr Konzept nach den Prinzipien der Montessori-Pädagogik neu auszurichten. In diesem Fall gibt es bereits Klassen, und zwar reine Jahrgangsklassen. Man könnte diese zwar rechnerisch teilen und neu zusammensetzen, doch ist das nicht unbedingt zu empfehlen. Denn Lernen hat viel mit emotionaler Bindung zu tun: Kinder wollen von ihrer Klassenlehrerin und ihren Klassenkameraden nicht getrennt werden. Ein Weg wäre z. B., dass zwei Lehrer, die jeweils ein 1. und 2. oder ein 3. und 4. Schuljahr führen, ein Team bilden, bei verschiedenen Gelegenheiten die Kinder miteinander bekannt machen und in einzelnen vorbereiteten Stunden neue Gruppen bilden, um bestimmte Themen zu erarbeiten. Wichtig ist, dass die Kinder sich gegenseitig kennenlernen und mit einer anderen Klassenlehrerin wirklich vertraut werden. Auch Elternabende oder Klassenfeste sollte man zusammen durchführen. Falls die Lehrer bereits das Montessori-Diplom erworben haben, könnte auch die Freiarbeit in jahrgangsgemischten Gruppen durchgeführt werden und der sich anschließende ergänzende Unterricht wieder im bekannten Klassenverband stattfinden.

Wenn die Schule bereits die Schuleingangsphase als jahrgangsgemischte Klasse führt, kann sie darauf aufbauen, indem sie nach dem ersten Schulbesuchsjahr Erstklässler in die Klasse aufnimmt, sofern dies aufgrund der Klassenfrequenz möglich ist. Eine Angleichung der Gruppengröße kann dann erst im Laufe der nächsten Jahre erfolgen.

Für altersgemischte Klassen mit vier Jahrgängen braucht man das entsprechende Arbeitsmaterial. Die Raumgröße und damit die Stellfläche für Regale bleibt ja dieselbe, gleichgültig, ob die Klasse altershomogen oder altersgemischt ist. Da mit vielen Montessori-Materialien sowohl grundlegende wie auch schwierige Aufgaben erarbeitet werden können, ist es weniger die Menge als die Kenntnis des Materials, die erhöht werden muss.

Auswahl des Materials

Darüber hinaus kann man jedes Material daraufhin überprüfen, welchen Lerninhalt in welcher Struktur es darstellt, welche Schwierigkeitsgrade es anbietet und ob es notwendig oder eigentlich überflüssig ist, weil derselbe Lerninhalt durch ein anderes Arbeitsmaterial bereits adäquat angeboten ist. Unter diesem Blickwinkel kann man in Montessori-Grundschulen deutliche Unterschiede feststellen. Man macht dann die überraschende Erfahrung, wie anziehend eine klare Ordnung und Begrenzung bei gleichzeitiger großer thematischer Bandbreite anspruchsvoller Arbeitsmittel sein kann. Voraussetzung ist natürlich, dass man das gesamte Montessori-Material und die meisten Zusatzmaterialien kennt. Sonst sollte man entsprechende Fortbildungsangebote nutzen.

Integration und Inklusion

Wegen ihres differenzierenden Unterrichts und der Fähigkeit, individuell gut zu fördern, arbeiten etliche Montessori-Grundschulen integrativ. (Unter Integration wird die Unterrichtung und Förderung unterschiedlich behinderter Kinder im Klassenverband mit nicht-behinderten Kindern an Regelschulen oder Montessori-Schulen verstanden.) Integrative

Integrative Klassen

Klassen haben einen Anspruch auf eine begrenzte Klassenfrequenz und eine definierte Proportion von nicht-behinderten zu behinderten Kindern. Der Unterricht wird durch Förderschullehrer unterstützt. Deren Stundenanzahl wird vom jeweiligen Bundesland festgelegt und richtet sich nach der Anzahl der behinderten Kinder pro Klasse bzw. pro Schule. Bauliche Voraussetzungen wie z. B. Barrierefreiheit müssen gegeben sein. Wenn die Vorgaben erfüllt sind, arbeiten integrative Schulen erfolgreich zum Wohl der Kinder. Im Laufe vieler Jahre werden sie Erfahrungen gesammelt haben, aufgrund deren sie den Unterricht und die Schulorganisation gestalten können. Eingeschränkt wird der Erfolg durch Schwierigkeiten personeller oder finanzieller Art: Wenn z. B. Baumaßnahmen nicht durchgeführt oder die zugesagten Lehrer- und Helferstellen nicht besetzt werden können, kann das zu einer völligen Überlastung der an dieser Schule arbeitenden Lehrer führen.

Ein Problem bleibt auch der Übergang in die weiterführenden Schulen. Während einige Haupt- und Gesamtschulen die Integration in ihr Schulprogramm aufgenommen haben – oder zumindest Kinder mit einer bestimmten Art von Behinderung integrieren können –, tun sich Gymnasien schwer damit. Auch die spätere Suche nach einem Arbeitsplatz ist schwierig.

Eine inklusive Pädagogik will noch mehr als die integrative Pädagogik. Die Sichtweise ändert sich: Hier sieht man nicht die Regelgruppe, in die bestimmte Schülerinnen und Schüler integriert werden, sondern man sieht alle Kinder in ihrer Heterogenität; keiner soll erst ausgesondert und dann wieder integriert werden. Alle Kinder, unabhängig von ihrer Begabung oder körperlichen Verfassung, gehen in die gleiche wohnortnahe Schule, wo sie gemäß ihrer Begabung gefördert werden. Eine inklusive Pädagogik wird in einer UN-Konvention über die Rechte von Menschen mit Behinderungen verlangt, die auch von Deutschland unterzeichnet worden ist.

Heterogenität

Die Verwirklichung einer inklusiven Bildung und Erziehung soll derzeit umgesetzt werden. In Gesprächen mit Erziehern und Lehrkräften wird dabei deutlich, dass Wirklichkeit und Anspruch noch auseinander klaffen. Denn die Gesetzgebung sieht die Einschulung behinderter Kinder in Schulen vor, obwohl die räumlichen und personellen Gegebenheiten noch nicht zufriedenstellend sind. Wenn man von »behinderten« Kindern spricht, muss nach der Art und Schwere der Behinderung differenziert werden. Bestimmte Behinderungen erfordern bei der Förderung bestimmte personelle, bauliche und materielle Voraussetzungen. Wenn diese nicht stimmen, kann die Qualität des Unterrichtes und der Förderung nicht gewährleistet werden.

Probleme der Praxis

Auch darf der Fokus bei diesem Thema nicht auf die behinderte Kinder begrenzt werden. In einer Klassengemeinschaft sind durchschnittlich 25 Kinder. Die Mehrzahl dieser Kinder zählen nicht zu den behinderten Kindern zeigen aber eine große Heterogenität, die ebenfalls beachtet werden muss.

Durch die behördliche Gesetzeslage zur Inklusion kann bei den Eltern behinderter Kinder leicht eine falsche Vorstellung von den derzeitigen Fördermöglichkeiten der Regelschulen entstehen. Das führt dann zu Spannungen zwischen Schule und Eltern.

Andere Eltern suchen weiterhin bewusst nach Förderschulen für ihre behinderten Kinder. Sie wenden sich gegen die Ideologisierung der Diskussion, die dazu führt, dass die eingeforderte Wertschätzung der menschlichen Heterogenität die derzeit bestehende schulische Heterogenität aufhebt; sie sind besorgt, dass über die tatsächlichen Schwierigkeiten hinwegsehen wird und die Förderschulen diskreditiert werden.

Die Zukunft wird zeigen, ob und wie Inklusion gelingt. Viele sind bereit, sich dafür einzusetzen. Aber der persönliche Einsatz allein reicht nicht. Die Struktur schulischer Gegebenheit muss stimmen.

Wenn von Integration und Inklusion gesprochen wird, ist damit fast immer das Miteinander von Nicht-Behinderten und Behinderten gemeint. Oben wurde jedoch schon erwähnt, dass »die Behinderten« ja keine homogene Gruppe sind. Ebenso wenig sind die nicht-behinderten Kinder eine homogene Gruppe. Inklusion kann man auch darauf beziehen, dass man sich der sehr großen Unterschiede unter den sogenannten normalen Kindern bewusst wird. Inklusion bedeutet: Unterschiede sehen und annehmen. Das verlangt auch in einer »normalen« Klasse« eine neue Sichtweise auf Lernprozesse und die Verwirklichung neuer Unterrichtsformen. Hochbegabte Kinder lernen nicht nur schneller, sie verstehen auch komplexer und stellen damit die Lehrer vor neue Herausforderungen: Was brauchen die hochbegabten Kinder, um richtig gefördert zu werden? Und wel-

Neue Sichtweise

che Übungsformen brauchen Kinder mit starken legasthenischen Schwächen oder mit Rechenschwächen? Wie werden Kinder mit sozial-emotionalen Störungen aufgefangen? Dürfen wir uns vormachen, wir könnten Schwächen ganz beseitigen?

Es geht um das Akzeptieren der Vielfalt. Generell bedarf Inklusion als gesellschaftlich relevante Anerkennung von menschlicher Unterschiedlichkeit samt den unterschiedlichen Bedürfnissen und Lebenswegen, die sich daraus ergeben, noch einer besseren Verankerung im gesellschaftlichen Bewusstsein.

3.4 Die Schulgemeinschaft

Der eigene Klassenraum, die Klassenkameraden und die Klassenlehrerin geben dem Kind in der – oft großen – Schulgemeinschaft einen sicheren Halt. Hier ist ihr Platz, hier »gehören sie hin«. Darüber hinaus haben die Kinder in den täglichen Pausen, bei Sportspielen, beim Schulfest, beim Ausflug und der Klassenfahrt Kontakt mit vielen anderen Kindern und lernen außer den unterrichtlichen Arbeitsformen andere Formen des Zusammenlebens in einer großen Gemeinschaft kennen. Eine besondere Bedeutung hat dabei die Betreuung nach dem Unterricht.

Betreuung am Nachmittag

Wenn Montessori-Schulen Privatschulen sind, sind sie oft Ganztagsschulen. Manche Montessori-Schulen im Regelschulsystem sind aber auch Halbtagsschulen, die in den letzten Jahren in »Offene Ganztagsschulen« umgewandelt wurden. Auf den Unterricht,

der zwischen 12 und 14 Uhr endet, folgt eine feste Betreuungszeit bis 16 oder 17 Uhr. Das Wort »offen« in dem Begriff »Offene Ganztagsschule« bezieht sich dabei darauf, dass es den Eltern freisteht, ihr Kind für die Betreuung nach dem Unterricht anzumelden oder nicht. Die Kosten werden vom Land, der Stadt und den Eltern getragen. Der Elternbeitrag ist gestaffelt. Die Betreuung wird von freien Trägern (gemeinnützigen Organisationen oder Elternvereinen) in Zusammenarbeit mit dem Schulamt, der Schulleitung und der Leitung der Betreuung organisiert. Für sie werden Sozialpädagogen, Erzieherinnen und andere Honorarkräfte angestellt, und auch eine gewisse (eher geringe) Anzahl von Lehrerstunden ist der Betreuung zugeordnet.

Da die Grundschulen bisher Halbtagsschulen waren, fehlten zunächst die Räume für die Betreuungsgruppen und für das gemeinsame Mittagessen. Die Kommunen als Träger der Schulen mussten die Grundschulen räumlich erweitern, was in relativ kurzer Zeit auch gelungen ist, allerdings oft nicht in dem eigentlich erforderlichen Ausmaß. Deswegen ist jede Schule im Rahmen ihrer räumlichen Möglichkeiten bemüht, ein einigermaßen akzeptables Konzept für die Gestaltung der Betreuung zu finden.

Durch die Aktivitäten in der Betreuungszeit lernen die Kinder viele andere Kinder aus der eigenen Schule kennen, was das Gemeinschaftsgefühl untereinander stärkt. In der Betreuungszeit wird das Mittagessen eingenommen, das meist von einem Caterer angeliefert wird; außerdem werden die Hausaufgaben oder die Lernzeiten betreut und Arbeitsgemeinschaften durchgeführt, aber es bleibt auch genügend freie Zeit zum Spielen. Wenn in der nachmittäglichen Betreuung eine »Offene Werkstatt« angeboten wird, so ist dies eine besondere Freude für die Kinder. Insgesamt müssen alle Aktivitäten einsichtig gestaltet werden, und für die Verzahnung von Unterricht und Betreuung muss ein gemeinsames schulisches Konzept erarbeitet werden.

4.

»Mir geht ein Licht auf!«

Die Polarisation der Aufmerksamkeit

Was ist »Lernen«? Lernen ist ein spontaner schöpferischer Vorgang, der von Gefühlen wie Glück und Zufriedenheit begleitet ist und zur Strukturierung der Persönlichkeit führt. Die Unterrichtsform »Freiarbeit« bietet die Chance, entdeckendes Lernen zu ermöglichen.

4.1 Der Begriff der Freiarbeit

Maria Montessori gestaltete in ihren Kindergärten und Schulen eine Umgebung, die den Kindern mittels bestimmter Arbeitsmittel vielfältige Handlungsmöglichkeiten in selbstbestimmter Arbeit bietet. Sie wich damit ab von den damals sehr strikten Formen des Klassenunterrichts. Der Terminus »Freiarbeit« wurde von Montessori selbst nicht verwendet; sie spricht stets von der »freien Wahl der Arbeit« oder von den »Lektionen«, die sich an bestimmte Kinder wenden, um sie in den Gebrauch eines Arbeitsmaterials einzuführen. Der Begriff »Freiarbeit« bürgerte sich als Gegensatz zum »gebundenen Unterricht« ab 1950 ein, weil man einen Namen für jene Arbeitsstunden brauchte, in denen die freie Arbeitswahl der Kinder vorherrschte (vgl. Holtstiege 1987: 109).

Inzwischen gehört der Begriff »Freiarbeit«, »Freie Arbeit« oder auch »Offener Unterricht« zum allgemeinen schulischen Wortschatz. Welches Konzept Regelschulen mit »Freier Arbeit« oder »Offenem Unterricht« verwirklichen wollen, muss jede Regelschule für sich selbst definieren. Deswegen kann die »Freie Arbeit« an Regelschulen sehr unterschiedliche Ausprägungen haben.

Die Vorbereitete Umgebung und das Arbeitsmaterial

Der Klassenraum einer Montessori-Schule ist eine »Vorbereitete Umgebung« für die Aktivität der Kinder. In offenen Regalen und in Schränken liegt ein sorgfältig ausgesuchtes Angebot an Arbeitsmitteln, mit deren Hilfe die Kinder sich Lerninhalte aus den Bereichen Sprache, Mathematik, Sachunterricht und den anderen Fachgebieten erarbeiten können. Das Arbeitsmaterial besteht hauptsächlich aus dem klassischen, auch heute noch gültigen Montessori-Material, aus anderen Arbeitsmitteln und aus selbsthergestelltem Material.

Angebot an Arbeitsmitteln

Zu den Mathematik-Materialien gehören z. B.:

- verschiedene Arbeitsmittel, um die Zahlen von 1 bis 10 in ihren Zahlsymbolen, Mengen und Gruppierungen zu verdeutlichen;
- das »Goldene Perlenmaterial«, das die Ordnung des Dezimalsystems sinnlich erfahrbar und die vier Rechenoperationen begreifbar macht;
- das »Markenspiel«, das die Erfahrungen, die mit dem Goldenen Perlenmaterial gewonnen wurden, auf eine abstraktere Stufe hebt;
- die kleinen und großen Rechenrahmen, die auf die Struktur der schriftlichen Addition vorbereiten;
- die »Kleine Multiplikation« und die »Kleine Division« sowie die Perlentreppchen, die das kleine Einmaleins verdeutlichen;
- das sogenannte »Schachbrett«, das die Multiplikation großer Zahlen verdeutlicht;

- die »Große Division«, die die Division großer Zahlen bereits für junge Kinder spannend macht;
- die Quadrat- und Kubikzahlenketten, die auf den Zusammenhang zwischen Arithmetik und Geometrie hinweisen;
- die Bruchrechenkreise, mit denen das Bruchrechnen einsichtig wird;
- eine Waage, um Dinge abzuwiegen und Erfahrungen mit Gewichten zu machen;
- Zollstock, Zentimetermaß, Litergefäße und eine Kasse mit Papiergeld, um weitere Größen kennenzulernen;
- geometrische Formen und Körper (u. a. Dreiecke zur Berechnung von Flächen), um Einsicht in die Geometrie zu ermöglichen.

Im Regal für Sprachübungen stehen u. a.:
- Sandpapierbuchstaben und Leseübungen einfachster Art, um den Zugang zum Lesen und Schreiben zu erleichtern;
- weiterführende Leseübungen mit interessanten Inhalten z. B. aus dem sachunterrichtlichen Bereich;
- Kästen mit »Wortsymbolen« zur Unterscheidung von Wortarten;
- Übungen mit Symbolen und Pfeilen, um Satzstrukturen zu erforschen;
- Mappen mit anregenden Bildern, um Schreibanlässe zu schaffen;
- Gedicht-, Märchen- und Kinderbücher, die in die Literatur einführen;
- Rechtschreibübungen verschiedenster Art, um das richtige Schreiben zu trainieren;
- Märchen- und Gedichtbücher sowie Bücher mit Erzählungen.

Auch der Bereich für den Sachunterricht ist reich ausgestattet:
- Arbeitsmittel, um unser Planetensystem zu erkunden;
- ein Geologiezeitband, das viele Meter lang ist und eine Ahnung von den unendlichen Zeiträumen der Entwicklung des Lebens auf der Erde vermittelt;
- weitere Zeitbänder, um die Geschichte einer Stadt oder den Zeitablauf des eigenen Lebens zu verdeutlichen;
- Modelle, um den menschlichen Körper verstehen zu lernen;
- Arbeitskarten zur Botanik und Zoologie;
- »Steckkarten«, d. h. hölzerne Landkarten von Erdteilen und Staaten, in die man Namensfähnchen stecken und mit denen man anhand von Kontrollkarten topografische Übungen durchführen kann;
- Materialkästen, um Magnetismus, Elektrotechnik, Wasser u. a. zu erforschen;
- Computer, um den Umgang mit neuen Medien zu lernen;
- Bücher zu verschiedenen Sachgebieten.

Was aus der Fülle der Möglichkeiten ausgewählt wird, bestimmt die jeweilige Lehrerin.

Auch für weitere Fachbereiche wie Religion, Musik und Kunst werden Arbeitsmittel angeboten.

Die Arbeitsmittel müssen stets ordentlich und vollständig sein. Die Menge der Arbeits-

Blick auf arbeitende Kinder und Lehrerin

mittel muss einerseits so begrenzt sein, dass sie den Kindern Ordnung und Orientierung bieten, andererseits muss sie so vielfältig sein, dass die unterschiedlichen Kinder einer Klasse reichhaltige Arbeitsmöglichkeiten finden. Da ein Überangebot an Arbeitsmitteln die Orientierung für die Kinder erschwert, empfiehlt es sich, einen Teil der Arbeitsmittel im Schrank verschlossen, aber griffbereit zu halten, um sie hervorzuholen, wenn die Interessen der Kinder dies erfordern. Darüber hinaus wird das Angebot auch durch die Größe des Klassenzimmers bestimmt.

Vielfalt, aber kein Übermaß

Die Sitzmöbel der Kinder sind so gestellt, dass an bestimmten Stellen des Klassenraumes genügend Platz bleibt, um auf dem Boden zu arbeiten oder raumgreifende Arbeitsmittel auslegen zu können.

Ferner müssen die Kinder so viel Bewegungsfreiheit haben, dass sie Arbeitsmittel holen und wieder fortbringen können. Ist der Klassenraum groß genug, ist es ratsam, Nischen oder Ecken für Einzel-, Partner- oder Kleingruppenarbeit einzurichten.

Natürlich ist der Klassenraum auch durch Pflanzen belebt und durch Bilder der Kinder geschmückt. Ferner sollten die Dinge nicht vergessen werden, die man für das Arbeiten in einer geordneten Umgebung auch benötigt, z. B. Locher und Hefter, Büroklammern und Tesafilm, Handfeger und Kehrblech.

Beschreibung der Praxis der Freiarbeit

Die Freiarbeit wird gewöhnlich jeden Morgen in den ersten drei Unterrichtsstunden durchgeführt. Sie beginnt zu einer festen Zeit, z. B. um 8 Uhr. Üblicherweise ist die Lehrerin schon einige Zeit vor Unterrichtsbeginn da, und auch die Kinder, die früher kommen, finden sich schon im Klassenraum ein. Die Kinder begrüßen sich, unterhalten sich etwas, tauschen vielleicht noch die letzten Fußballnachrichten miteinander aus oder sprechen schon über die geplanten Arbeitsvorhaben.

Beispiel

Unterdessen haben einige zielstrebige Kinder bereits ihre Arbeit an den Platz geholt und vertiefen sich schon in die Aufgaben. Nadine, ein besonders fleißiges Mädchen, hält

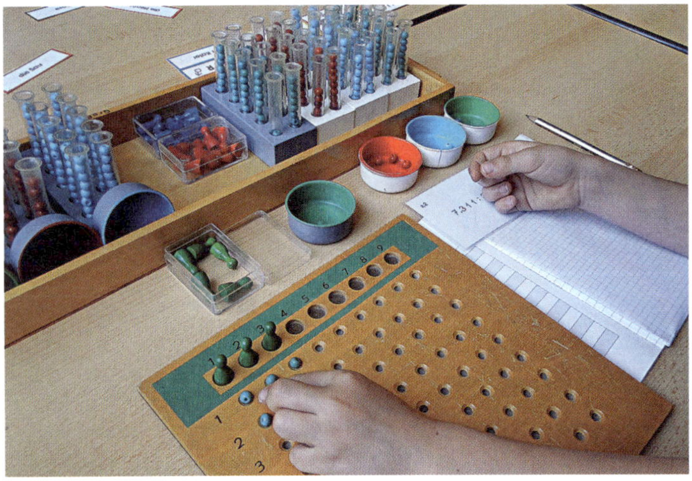

Große Division

sich selten mit Unterhaltungen auf. Sie hat die Große Division schon vor sich stehen und sortiert die Einer, Zehner, Hunderter und Tausender – versinnbildlicht durch bestimmte farbige Perlen – in die dafür vorgesehenen Schälchen, um eine Tausenderzahl zu dividieren. Dann wendet sie sich kurz an die Lehrerin, um sich zu vergewissern, ob sie die Zahl auch richtig gebildet hat.

Lisa und Alina nehmen sich ein Ringbuchblatt und beginnen eine Geschichte über eine kleine Katze zu schreiben, die von zu Hause fortgeht und unterwegs einen Igel trifft.

Heide gähnt noch ein bisschen (sie geht meist zu spät ins Bett) und entscheidet sich dann für das Üben der Lernwörter aus ihrer Lernbox – nicht weil sie sich dafür besonders begeistern würde, sondern weil sie weiß, dass Rechtschreibübungen nötig sind.

Moritz unterhält sich angeregt mit Daniel über die Frage, ob sie das meterlange Geologieband draußen im Flur auslegen oder lieber die Tausenderkette bearbeiten sollen.

Martin steht mit missmutiger Miene an seinem Platz; seine Freunde wollen nicht auf seinen Arbeitsvorschlag eingehen und er nicht auf ihren. Deswegen ist er jetzt eine Weile unfähig, eine neue Entscheidung zu treffen.

Helga prägt sich mithilfe eines Dominos Laute und Buchstaben ein, und Tim schreibt kurze Sätze aus dem Drachen-Alphabet.

Mike schreibt aus einem kleinen Heftchen Sätze ab und bestimmt mithilfe der »Wortsymbole« die Wortarten der Wörter.

Uwe geht an Stefan vorbei und gibt ihm einen kleinen Tritt, um ihn zu einer spontanen Balgerei zu provozieren. Die Lehrerin sieht das und geht zu ihm, einerseits, um ihn von Stefan zu entfernen, und andererseits, um ihm eine Arbeit zu geben, weil sie weiß, dass er große Probleme damit hat, selber eine zu finden.

Arbeiten mit den Wortsymbolen

Wortsymbole

Markus und Michael arbeiten mit dem Elektrokasten. Sie bauen einen Stromkreis und freuen sich, als die kleine Lampe schließlich brennt.

Elektrokasten, Licht

Planeten, Erstlesen

Susanne erarbeitet sich Kenntnisse über das Planetensystem.

Alle Kinder sind in Einzel-, Partner- oder Kleingruppenarbeit beschäftigt. Einige sitzen am Platz, andere arbeiten auf einem Teppich auf dem Boden, wieder andere räumen ihre Sachen weg oder holen sich neue Arbeitsmittel; es gibt Kinder, die sehr konzentriert arbeiten, und andere, die sich weniger intensiv mit ihrer Arbeit auseinandersetzen.

Die Lehrerin bewältigt in dieser Zeit sehr verschiedene Aufgaben: Nadine hilft sie, wenn sie Hilfe braucht; ansonsten lässt sie sie in Ruhe arbeiten. Sie beobachtet stets, ob Uwe an seiner Arbeit bleibt. Ab und zu wirft sie einen Blick in den Flur, wo Moritz und Daniel das Geologieband auslegen; sie erinnert Markus und Michael ans Flüstern, weil sie sich immer wieder mit lauter Stimme unterhalten. Dann geht sie zu Gabi, um ihr mithilfe der sogenannten Seguin-Tafel die Zahlenfolgen zu erklären.

Kinder, die zu ihr kommen, weil sie etwas fragen wollen, wehrt sie ab. Die kleine Ampel zeigt rot. Das bedeutet: Die Lehrerin ist jetzt nicht zu sprechen. Die Kinder sollen warten, bis sie wieder Zeit hat, oder sie sollen sich untereinander helfen.

Dann wird der Geräuschpegel in der Klasse zu hoch. Die Lehrerin läutet einmal oder zweimal leise mit einer kleinen Tischglocke. Das ist ein bekanntes Zeichen, das alle Kinder daran erinnert, weniger oder leiser zu sprechen. Um 9 Uhr beginnt dann eine Phase besonderer Ruhe: das Silentium. Es dauert etwa 20 Minuten. In dieser Zeit darf auch nicht mehr geflüstert werden; man verständigt sich durch Zeichen oder schreibt auf, was man voneinander will. Fast alle Kinder halten sich diszipliniert an diese Phase der Stille. Sie

Seguin-Tafeln

hat den Sinn, die Kinder ganz ruhig werden zu lassen. Da der Klassenraum keine Gruppenräume hat und alle Arbeiten – sowohl die, die Gespräche, als auch die, die besondere Ruhe erfordern – im gleichen Raum stattfinden müssen, greift die Lehrerin zu diesem Mittel, um den unterschiedlichen Ansprüchen der Arbeit und der Kinder gerecht zu werden.

Arbeitsatmosphäre

Je nach Klasse können die Regeln, wie die Arbeitsruhe hergestellt und erhalten wird, verschieden sein. Allen gemeinsam aber ist, dass die Lehrerin weniger durch laute Worte als vielmehr durch verabredete und eingeübte Zeichen an die Regeln erinnert. Zeichen stören weniger und sind oft wirkungsvoller als Reden. Da Grundschulkinder Aufgaben gerne in Partner- und Kleingruppenarbeit erledigen und sich dabei sehr engagieren können, kann der Geräuschpegel auch schon einmal ansteigen. Wichtig ist aber, dass die ruhige Arbeitsatmosphäre immer wieder neu hergestellt wird.

Besucher, die die Freiarbeit beobachten, sehen sehr unterschiedliche Aktivitäten: Kinder, die sich eine Arbeit holen oder die eine Arbeit aufräumen; Kinder, die in Einzelarbeit, Partnerarbeit oder Kleingruppenarbeit tätig sind; Kinder, die an ihrem Tisch arbeiten, auf einem Teppich auf dem Boden oder im Flur; Kinder, die sehr konzentriert sind, Kinder, die sich unterhalten, und auch Kinder, die Störungen verursachen.

Die Arbeitsatmosphäre wird von den Besuchern meist als friedlich und ruhig erlebt. Sie wundern sich, dass die Lehrerin den Überblick behält. Sie wünschen sich, sie könnten besser erkennen, warum die Kinder dieses und jenes tun und wie alles angefangen hat. Das ist aber natürlich von einem einmaligen Unterrichtsbesuch nicht zu erwarten.

4.2 Das Ziel der Freiarbeit

Polarisation der Aufmerksamkeit

Das Ziel der Freiarbeit ist es, das Kind zu konzentrierter Arbeit zu führen. In der Konzentration binden sich alle Kräfte – Hand, Herz und Geist – an eine Tätigkeit. Die Person lässt sich auf diese Tätigkeit ganz ein. Maria Montessori spricht von »Polarisation der Aufmerksamkeit« (Montessori 1976: 70). Sie entdeckte dieses Phänomen, als sie ein etwa 3-jähriges Mädchen in dem ersten von ihr eingerichteten Kinderhaus in Rom beobachtete. Sie sah, wie dieses Kind die Einsatzzylinder des sogenannten Zylinderblocks viele Male in die Öffnungen des Blocks hineinsteckte und wieder herauszog. Es war in seine Tätigkeit völlig versunken. Die Dinge, die um es herum vorgingen, interessierten es nicht mehr. Dann aber, nach zahlreichen Wiederholungen, »ohne jeden äußeren Grund, war ihre Arbeit beendet. Was war beendet und warum?« (Montessori 2010b: 167)

Diese Frage bewegte Montessori von nun an intensiv, denn sie sah die Wirkung dieser konzentrierten Arbeit: Das Kind wandte sich glücklich und zufrieden wieder den anderen zu, und je mehr die konzentrierte Tätigkeit bei allen Kindern zur Gewohnheit wurde, desto ausgeglichener und lernfreudiger wurden sie. So wurde die Entdeckung des Phänomens der Polarisation der Aufmerksamkeit mit seinen Auswirkungen auf die Psyche des Kindes für Maria Montessori zum Ausgangspunkt ihrer weiteren Arbeit. Sie erforschte fortan die Bedingungen für die Wiederholung dieses Phänomens. Sie erkannte die Wichtigkeit der Vorbereiteten Umgebung mit ihren sorgsam ausgesuchten Arbeitsmitteln und mit den Prinzipien der Bewegungs-, Zeit- und Entscheidungsfreiheit sowie einem veränderten Lehrerverhalten.

In der konzentrierten Arbeit erwirbt das Kind nicht nur Kenntnisse, sondern es stärkt auch sein Selbstbewusstsein, schafft sich Zugänge zur Bewältigung der Wirklichkeit und erwirbt soziale Kompetenz. Durch die Gewöhnung an konzentrierte Arbeit trainiert es Ausdauer, Zielstrebigkeit, Zuverlässigkeit und Anstrengungsbereitschaft. Die Wirkung der Polarisation der Aufmerksamkeit ist also viel umfassender, als man sich gemeinhin vorstellt, wenn man verlangt, ein Kind solle sich konzentrieren, um zu einem Arbeitsergebnis zu kommen. »Denn der Wert liegt nicht in der Arbeit an sich, sondern in der Arbeit als Mittel zum Aufbau des inneren Menschen« (Montessori 1976: 170).

4.3 Beschreibung des Phänomens der Polarisation der Aufmerksamkeit

Die Lehrerin will Sabine und Andi zeigen, wie man im Faltschnitt einen Schmetterling herstellt. Sie faltet ein Blatt, zeichnet an die Bruchkante einen halben Schmetterling, schneidet ihn aus, faltet das Blatt auf und zeigt den Kindern den nunmehr vollständigen Schmetterling. Sabine ist begeistert, macht die Technik nach und schneidet dann ohne weitere Hilfe der Lehrerin viele Schmetterlinge aus. Andi zeigt wenig Anteilnahme, macht aber trotzdem nach, was die Lehrerin ihm gezeigt hat. Die Lehrerin geht weg, um sich anderen Kindern zuzuwenden. Auf einmal steht Andi ganz aufgeregt neben ihr. Er zeigt ihr einen Schmetterling und ruft begeistert: »Schau mal, wenn ich erst ein Blatt falte und dann einen halben Schmetterling draufmale und das dann ausschneide und dann aufklappe, guck mal, was da entsteht: ein Schmetterling! Was, da staunst du aber!« Er strahlt die Lehrerin an und lacht vor Freude, als sei er der erste Entdecker von Faltschmetterlingen.

Entdeckerfreude

Dieses Erlebnis kann unter verschiedenen Gesichtspunkten interpretiert werden. Die Lehrerin freut sich, dass Andi die Faltschnitt-Technik plötzlich verstanden hat, nun eine ganze Weile intensiv tätig ist, dabei seine Vorstellungskraft und Geschicklichkeit übt und erste Erfahrungen mit Symmetrieachsen und Spiegelbildlichkeit gewinnt. Die Mutter, der Andi voller Stolz erzählt, dass er ganz allein Faltschmetterlinge ausgeschnitten hat, freut sich auch und wird vielleicht sagen: »Das ist schön! Dann hast du ja ein Geschenk, wenn der Papa Geburtstag hat.« Der Vater wird sich über den Schmetterling freuen und, je nachdem wie das Werk gelungen ist, sagen: »Mein Andi ist wirklich geschickt und ideenreich«, oder er wird denken: »Na, Kunst ist nicht gerade seine Stärke«. Die Lehrerin und die Eltern gehen in ihrer Beurteilung von der Aufgabe aus, die der Unterricht in der Schule zu leisten hat: Er soll die Lernfreude beim Kind wecken und erhalten und soll zu Ergebnissen führen, an denen wir ablesen können, ob die Lernziele erreicht sind. Dies ist der eine, berechtigte Aspekt, nach dem wir die Erfolge des Unterrichts beurteilen können.

Aber es gibt noch einen zweiten Aspekt. Von diesem Aspekt spricht Maria Montessori, wenn sie erklärt:

»Zwischen dem ›Verstehen‹, warum eine Person versucht, uns mit ihrer Rede die Erklärung eines Dinges einzuprägen, und dem eigenen ›Verstehen‹ der Sache besteht ein unendlicher Unterschied. (...) Derjenige, der ›selbst versteht‹, hat einen unerwarteten Eindruck: Er fühlt, dass sein Bewusstsein frei geworden ist und dass in ihm etwas hell aufleuchtet. Das Verstehen ist dann nicht etwas Gleichgültiges. Es ist der Beginn *von etwas*, manchmal ist es der Beginn eines Lebens, das sich in uns erneuert. (...) Wenn man sagt ›Es geht mir ein Licht auf‹, meint man damit einen schöpferischen Vorgang (...) Dieses Sichauftun des Geistes ist das *aktive Verstehen*, das von starken Gemütsbewegungen begleitet ist und das man daher wie ein inneres Erlebnis ›verspürt‹« (Montessori 1976: 203f).

Das aktive Verstehen kann überraschend aufleuchten wie bei Andis Versuch mit dem Faltschmetterling. Es kann weniger auffallend vor sich gehen wie bei Sabine. Aber gleichgültig, ob das aktive Verstehen still oder gut beobachtbar vor sich geht, es ruft beim Kind immer das Bedürfnis hervor, die entsprechende Tätigkeit zu wiederholen. Andi und Sabine werden nun eine längere Zeit damit zubringen, in engagierter Arbeit Faltschmetterlinge herzustellen. Auch in den nächsten Tagen werden sie gleich zu Beginn der Freiarbeit diese Arbeit fortführen wollen. Sie werden herausfinden, dass man auch andere Motive in dieser Technik herstellen kann, und sie werden eine bestimmte Sicherheit darin gewinnen. Es ist ein Arbeitszyklus entstanden, der je nach Kind kürzer oder länger dauern und sich auch über mehrere Tage hinziehen kann, der aber immer geprägt ist von Ausdauer, Freude und Eigeninitiative.

4.4 Die Rückwirkung der engagierten Tätigkeit auf die Psyche des Kindes

Stärkung der Personalität und der sozialen Fähigkeiten

Harmonie von Person und Welt

Das Erlebnis des Verstehens weckt die Liebe zu dieser Tätigkeit, und das Kind will diese durch Wiederholung ganz in seinen Besitz aufnehmen. Es hat eine innere Beziehung zu einem Lerngegenstand gefunden. Dieser »Lerngegenstand« ist aber stets ein Stück der Lebenswirklichkeit, in der wir leben: sei es ein Teil der von den Menschen geschaffenen Kultur, sei es ein Teil der Gesetzmäßigkeiten der Natur. Das Kind fühlt plötzlich eine Harmonie zwischen seiner Person und der Gesetzmäßigkeit der Außenwelt. Und in diesem Erlebnis bekommt es eine neue Beziehung zu sich selbst. Das aktive Verstehen wird als Freude und als Kraftzuwachs erlebt. Das Kind fühlt sich bestätigt und angenommen. Es findet seinen Platz in der Ordnung der Welt und fühlt sich dazugehörig. Aus diesem Bewusstsein heraus kann es sich den anderen Personen und den Dingen der Umwelt in Liebe zuwenden. In dem Maße, wie eine Person ein gesichertes Verhältnis zu sich selber hat, kann sie sich auch anderen Menschen zuwenden und ihnen mit Verständnis begegnen, und sie kann ihre Fähigkeiten zum Wohl der Gemeinschaft einbringen.

Eroberung von Freiheit und Disziplin

Sachangemessenheit

Wenn sich jemand selbstvergessen auf eine Arbeit einlässt, so lässt er sich auch auf deren Gesetzmäßigkeit ein. Wenn Andi seinen Faltschmetterling richtig ausschneiden will, muss er den Unterschied zwischen der Bruchkante und den offenen Seiten des Papiers beachten, und er muss die Form eines Schmetterlingsflügels beherrschen. Erst wenn er dies kann, wird er Erfolg haben und sich an der Harmonie zwischen seinen Bemühungen und den Gesetzmäßigkeiten der Sache erfreuen können. Ein Kind, das die Sachgesetze missachtet, weil es sie nicht akzeptieren will oder kann, wird nicht zum Erfolg kommen und die Freude nicht erleben, die aus der inneren und äußeren Übereinstimmung erwächst. Voraussetzung für ein erfolgreiches Arbeiten ist also eine Art Gehorsam: das Sich-Einlassen auf die Gesetzmäßigkeit der Sache. Die »Unterordnung« unter die Sachgesetze führt schließlich durch Übung zur Souveränität über die Sache: Ich beherrsche sie, weil ich mit ihr richtig umgehen kann. Dieses Verhältnis von Gehorsam und Beherrschung führt letztlich zu Freiheit und Disziplin.

In gleicher Weise gilt dies auch für die Regeln, nach denen Menschen in Gruppen zusammenleben. Regeln, die die existenziellen Bedürfnisse des einzelnen Menschen nach Liebe und Geborgenheit, Nähe und Abgrenzung, Arbeit und Muße, Bewegungsfreiheit und Freiheit bei der Wahl seiner Arbeit achten, sind Gesetzmäßigkeiten, die dem Menschen gemäß sind und das Wohlbefinden des Einzelnen wie der Gruppe sichern. Voraussetzung ist auch hier, dass sich die Kinder auf diese Regeln einlassen und dadurch zu einer gesicherten Freiheit in der Gruppe kommen. *Regeln*

4.5 Die Verlaufsform der konzentrierten Arbeit

Phase der Vorbereitung

Einer konzentrierten Arbeit geht gewöhnlich eine Phase der Unruhe voraus. Das Kind ist auf der Suche nach einer Arbeit. Es beginnt vielleicht eine Aufgabe, unterbricht sie aber bald wieder, bis es schließlich gefunden hat, was es wirklich will. Das Motiv für die Suche liegt im Kind selbst, es folgt seiner inneren Stimme, seinem Interesse. Hat es eine Arbeit gefunden, holt es die Gegenstände zusammen und bereitet den Platz vor: So stellt es sich innerlich auf die Tätigkeit ein. Die Lehrerin sorgt für eine geordnete Atmosphäre, lässt den Kindern aber Zeit; denn eine zu frühe Lenkung führt die Kinder von ihren eigenen Arbeitsvorhaben fort und verhindert, dass sie lernen, sich ihrer Interessen bewusst zu werden. Eine gezielte Lenkung ist nur bei den Kindern nötig, von denen die Lehrerin durch Beobachtung und Erfahrung weiß, dass ihnen dies hilft, sich überhaupt zu entscheiden.

Suche Am Beginn der Freiarbeit steht bei fast allen Kindern eine Phase, in der sie nach einer Arbeit suchen; auch die Kinder, die mit festen Arbeitsvorhaben zur Schule kommen, wollen sich erst mit ihren Freunden austauschen und die Arbeit besprechen, und sie müssen die Gegenstände an ihren Platz holen. Ferner entstehen Suchphasen dann, wenn die Kinder eine Arbeit beendet haben und eine neue auswählen. Da die Arbeitszyklen der einzelnen Kinder verschieden lang sind, laufen Phasen konzentrierter Arbeit mit Phasen der Arbeitssuche parallel. Daher hat die Lehrerin oder der Lehrer stets dafür zu sorgen, dass die Ruhe in der Klasse erhalten bleibt.

Phase der großen Arbeit

Wenn ein Kind sich für eine Arbeit entschieden hat, folgt die Phase der Vertiefung, der »großen Arbeit«. Während das Kind tätig ist, gilt seine Aufmerksamkeit immer intensiver der jeweiligen Tätigkeit. Es wehrt Ablenkungen ab und bleibt so lange bei seiner Aufgabe, bis eine innere Sättigung erreicht ist. Diese Vertiefung kann je nach Kind und Alter ganz unterschiedlich lange dauern, und sie kann in Einzel-, Partner- oder Kleingruppen- *Konzentration* arbeit stattfinden. In der Grundschule können Arbeitsphasen sowohl 20 Minuten wie zwei und mehr Schulstunden umfassen (auch bei Erstklässlern), und es kann auch viele Tage, ja Wochen am gleichen Thema gearbeitet werden. Das heißt: Wenn Kinder sich für ein Thema interessieren, so wird dieses Interesse über die Stunden des ergänzenden Unterrichts, der die Freiarbeit begrenzt, und über den schulfreien Nachmittag hinaus gespeichert und am nächsten Tag wiederaufgenommen.

Phase des Ausklangs

Übergang

Nach Beendigung der engagierten Arbeit räumt das Kind die Gegenstände, die es für seine Arbeit gebraucht hat, fort und macht eine Pause. Es geht dann gern durch die Klasse, schaut, was die anderen Kinder tun, sucht vielleicht nach Bestätigung durch die Lehrerin oder hält bereits nach neuen Arbeitspartnern Ausschau. Gedanklich ist es noch bei der eben durchgeführten Tätigkeit, sodass eine Weile vergeht, ehe es sich wieder einer neuen Arbeit zuwenden kann.

Gewöhnung an Arbeit

Zyklen und Rhythmen der Arbeit

Wenn die konzentrierte Arbeit zur Gewohnheit wird, stabilisiert sich die Haltung des Kindes. »Das ist die Zeit, in der das Kind beginnt, ›Herr seiner selbst‹ zu werden« (Montessori 1976: 103). Erst die vollständigen Arbeitszyklen und die Möglichkeit, täglich neu verantwortlich für seine Arbeitsvorhaben zu sein, festigen im Kind Ausdauer, Zielstrebigkeit und Eigenverantwortlichkeit. Das heißt nicht, dass immer in der gleichen Intensität gearbeitet würde. Es lassen sich in der Praxis Phasen sehr intensiver und interessierter Arbeit beobachten, die mit weniger intensiven Arbeitsphasen wechseln, weil die Begeisterung für ein Thema sich nicht nahtlos an eine neue Begeisterung für ein anderes Thema anschließt. Die Lehrerin kann auch hierin den Kindern Zeit lassen. Sie sollte aber überprüfen, ob durch das Angebot an Arbeitsmitteln, durch ihre eigenen Vorschläge oder durch die Themen des ergänzenden Unterrichts genügend Interessenpunkte da sind, die das Kind aufgreifen kann.

Unterschiedliche Formen der konzentrierten Arbeit

Beobachten wir Kinder in der Schule, so stellen wir fest, dass die Fähigkeit zu konzentrierter Arbeit sehr verschieden sein kann; auch die äußere Erscheinungsform der Konzentration ist unterschiedlich.

Es gibt Kinder, die mit einer besonderen Fähigkeit zur Konzentration begabt sind. Sie können in ihre Arbeit versinken wie ein Taucher ins Wasser. Störungen gleiten an ihnen ab, als säßen sie in einer unsichtbaren Zelle. Es sind Kinder, die Einzelarbeit bevorzugen, ohne dass sie deswegen arm an Kontakten wären. Auch wenn sie sich zur Partner- oder Gruppenarbeit entschließen, so folgen sie schon bald ihren eigenen Gedankengängen und ihrem eigenen Lerntempo, sodass die Partnerarbeit letztlich in die ganz individuelle Arbeit einmündet. Das äußere Erscheinungsbild ist gekennzeichnet durch nach innen gerichtete Versenkung.

»Arbeitsstile«

Andere Kinder arbeiten auch sehr ausdauernd und zielstrebig, ihre Konzentration richtet sich jedoch gleichzeitig auf ihre Arbeit und auf die Geschehnisse in der Umgebung. Diese Kinder bevorzugen Partnerarbeit und wählen gerne Tätigkeiten, die handelnden Umgang und Gespräche erfordern. Sie nehmen wachen Anteil an allem, was um sie herum geschieht, ohne das Ziel ihrer Arbeit aus dem Auge zu verlieren. Sie können zwischendurch auch andere kleine Aufgaben erledigen, z. B. dem an die Tür klopfenden Postboten den Weg ins Büro zeigen, um dann wieder mit gleichbleibendem Interesse an ihre Arbeit zurückzukehren. Wird ihnen jedoch eine Störung zu groß, können sie diese auch abwehren. Diese Form der Konzentration bietet nicht das Bild von Versunkenheit oder Stille, sondern das einer lebhaften, engagierten Tätigkeit.

Ferner gibt es die Kinder, die man die stillen, stetigen Arbeiter nennen könnte. Sie fallen weder durch besondere Versunkenheit noch durch große Begeisterung auf. Sie fragen wenig und geraten selten in Konflikte, und man kann leicht dazu neigen, sie zu übersehen. In Wahrheit sind sie aber sowohl in der Einzel- wie in der Partnerarbeit sehr zielstrebig und ausdauernd beschäftigt, wenden sich den angebotenen Themengebieten gleichmäßig zu und bewältigen ein beträchtliches Pensum.

Wieder andere Kinder sind zu konzentrierter Arbeit fähig und bereit, doch können sie Ablenkungen schlecht abwehren, sodass ihre Arbeitshaltung besonders abhängig von den äußeren Gegebenheiten ist: Ist die Arbeitsatmosphäre ruhig und geordnet, gelingt ihnen auch das Sich-Versenken in eine Arbeit. Ist es unruhig und laut, überträgt sich die Unruhe auf sie, und sie verlieren die Beziehung zu dem, was sie tun.

Es gibt auch Kinder, die vor einer wirklichen Bindung an die Arbeit zu fliehen scheinen. Es ist, als hätten sie Angst, sich zu verlieren, wenn sie über die Arbeit sich selbst vergessen. Sie erledigen ihre Arbeiten durchaus korrekt, müssen aber immer wieder zu neuen Aufgaben ermuntert oder angehalten werden. Freude oder Begeisterung keimen nur selten auf und stabilisieren sich meistens nicht.

Einige Kinder haben echte Interessen und wollen auch lernen, sind aber so leicht ablenkbar, dass sie eigentlich eine kleine Klosterzelle brauchten, um zu sich selbst und zur Ruhe zu kommen. Dies sind z. B. Kinder mit leichten Koordinierungsstörungen; Übungen, die feinmotorische Bewegungen verlangen, wie das Schreiben oder auch das Aufdrehen einer Schraube mit einem Schraubenzieher, um einen Klingeldraht anzuschließen, sind sehr anstrengend für sie. Sie geben deswegen ihre Arbeit schnell und entmutigt auf und möchten sich am liebsten auf das bloße Durchblättern von Büchern, auf Gespräche oder sonstige wenig anstrengende Beschäftigungen zurückziehen. Da sie gleichzeitig stets auf Kontaktsuche sind, kann sich die Unruhe dieser Kinder leicht auf andere übertragen.

Wieder andere Kinder sind in ihrer Fähigkeit gestört, Interessen zu entwickeln und diese in tätiges Lernen umzusetzen. Sie lassen sich lieber unterhalten und scheuen die

Mühen, die ein aktives Leben mit sich bringt. Diese Kinder müssen zur Arbeit erst einmal hingeführt werden, was vonseiten der Lehrerin sehr viel Konsequenz und Anstrengung erfordert.

4.6 Das Erzieherverhalten während der Arbeitsphase des Kindes

Unterstützung

Bedeutsam für das Zustandekommen eines vollständigen Arbeitszyklus sind nicht nur Material und Wahlfreiheit, sondern auch das Erzieherverhalten. In der Phase der Vorbereitung beobachtet der Erwachsene das Kind und hilft, wenn Hilfe nötig ist: Er berät oder leitet an. Besonders jene Kinder, die mit ihrer Entscheidungs- und Wahlfreiheit noch nicht verantwortlich umgehen können, brauchen die Hilfe der Lehrerin. Die Lehrerin muss ihnen das geben, was die Kinder selber nicht im erforderlichen Maß aufbringen können: Sie muss die Auswahl der Arbeiten begrenzen, eine konkrete Arbeit vorschlagen oder zu einer bestimmten Arbeit anhalten. Sie kann einen Zeitrahmen setzen, innerhalb dessen eine Arbeit fertig sein soll; sie kann auch bestimmen, dass eine Arbeit vor einer bestimmten Zeit nicht beendet werden darf. Sie muss dafür sorgen, dass in der Klasse eine ruhige Arbeitsatmosphäre herrscht und Ablenkungen nach Möglichkeit ausgeschlossen sind. Das verlangt von den Lehrern eine genaue Kenntnis der Kinder, einen vertrauensvollen Kontakt, freundliche Zuwendung, Geduld und Konsequenz.

In der Phase der Vertiefung ist es ihre Aufgabe, das Kind in Ruhe arbeiten zu lassen, keine Ratschläge, keine Hilfestellungen und auch keine Ermunterungen mehr zu geben.

Zurückhaltung

Jede Zuwendung muss unterbleiben, weil sie das Kind nur aus dem inneren Gleichklang herausreißt und von dem gerade gefundenen Weg wegführt. Jeder hat wohl schon die Erfahrung gemacht, dass man nicht arbeiten kann, wenn einem jemand über die Schulter schaut. Leider ist gerade das übliche Schulpraxis, sodass die Übung, arbeitende Kinder völlig in Ruhe zu lassen, Lehrern und Lehrerinnen nicht gerade leichtfällt.

In der Phase des Ausklangs kann die Aktivität der Lehrerin wieder gefragt sein, z. B. wenn das Kind nach Bestätigung oder Zuwendung sucht. Montessori legt größten Wert darauf, dass die Erzieher unterscheiden können, zu welchem Zeitpunkt sie eingreifen und zu welchem sie sich zurückhalten müssen. Denn in dem einen Fall helfen sie dem Kind zur konzentrierten Arbeit und im anderen verhindern sie diese.

4.7 Psychische Gesundheit – Die innere Ordnung

In dem Maße, wie Kinder sich daran gewöhnen, konzentriert zu arbeiten, erwerben sie nicht nur reiche Kenntnisse, sondern verändern sich auch in ihrem Arbeits- und Sozialverhalten: Sie werden fröhlicher, selbstständiger, ausdauernder und disziplinierter. Montessori nennt ein solches Kind ein in sich geordnetes Kind. In ihrem Buch *Schule des Kindes* beschreibt sie, mit welchen Worten die Lehrerinnen die kindliche Persönlichkeitsentwicklung ausdrücken:

Innere Ordnung

»Sie sagen nie: Das Kind entwickelt sich oder es macht Fortschritte oder es ist gut oder schlecht usw.; sondern es gibt nur folgenden Ausdruck: Das Kind *ordnet sich* oder *ordnet sich nicht*. Es ist die innere Ordnung, die sie *erwarten*; und auf dieses Prinzip von Sein oder Nichtsein gründet sich alles oder nichts. Das lässt an eine tiefere Auffassung von ›Wachstum‹ denken. Von einem Lebewesen zu sagen, dass es *wächst*, ist sehr oberflächlich; es wächst, in der Tat, aber *aufgrund der Tatsache, dass sich innerlich eine Ordnung bildet*« (Montessori 1976: 117).

Ein geordnetes Kind ist ein psychisch gesundes Kind, das sich gemäß seinen existenziell wichtigen Wachstumsbedürfnissen entwickeln konnte. Montessori nennt ein solches Kind auch ein »normales« Kind. »Das Kind, das wir normal nennen, ist organisch verknüpft mit den Uranfängen seines eigenen Lebens, und sein ganzes Wesen, das sich im Stadium der Entwicklung befindet, ist durch ein inneres Gleichgewicht in Harmonie gebracht« (Montessori 2008: 34). Diese Kinder können ihre Interessen spüren, Entscheidungen treffen und ausdauernd arbeiten.

Kinder aber, die in ihren Aktivitäten oft gestört wurden und die keine ausreichenden Möglichkeiten hatten, ihr Tun, Wollen und Denken in sinnvolle Tätigkeit umzusetzen, scheinen ihren inneren Kompass verloren zu haben. Sie entwickeln all jene Merkmale, die wir von unruhigen, schnell ablenkbaren Kindern kennen: Unlust, Unkonzentriertheit, Ungeschicklichkeit, Bindungsschwerfälligkeit usw. Der Weg zur inneren Ordnung liegt darin, das Kind wieder an Anstrengung und Aktivität in einer auf seine Wachstumsbedürfnisse hin konzipierten Umgebung zu gewöhnen. Montessori nennt diesen Weg auch »Genesung« oder »Normalisierung« im Sinne einer Re-Organisation der kindlichen Persönlichkeit.

Störungen der Ordnung

Je älter das Kind ist und je mehr sich Unkonzentriertheit, Unlust oder fehlende Anstrengungsbereitschaft manifestiert haben, desto mehr braucht das Kind die freundlich-konsequente Anleitung durch die Erwachsenen. Kann einem geordneten Kind beim Arbeiten in der Vorbereiteten Umgebung Wahl- und Zeitfreiheit eingeräumt werden, so bestimmt bei einem nicht geordneten Kind zunächst die Erzieherin oder Lehrerin, wie viel Freiheit ihm gegeben werden kann. Denn es muss eine Begrenzung erfahren, damit es sich nicht mit oberflächlicher Beschäftigung selbst an der Versenkung in eine Arbeit hindert. Den Weg zur inneren Ordnung nennt Montessori, wie schon erwähnt, Genesung. Folgendes Beispiel erklärt eine solche – allerdings nur kurz anhaltende – Genesung:

Jule ist ein fröhliches Mädchen, das die Freiarbeit vor allem dazu nutzen will, geselligen Kontakt aufzunehmen. Am liebsten holt sie sich zusammen mit einer Freundin eine leichte Arbeit und plaudert dann munter über alles Mögliche, nur zum Arbeiten kommt sie nicht. Die wiederholten Anstrengungen der Lehrerin, ihr angemessene Aufgaben anzubieten, nimmt sie recht oberflächlich an, solange die Lehrerin neben ihr sitzt und die Arbeit beobachtet. Wenn diese weggeht, hört Jule wieder auf zu arbeiten und nimmt die lebhafte Plauderei wieder auf. Eines Tages wurde die Lehrerin dann recht ärgerlich. »Verflixt«, dachte sie, »das geht so nicht weiter. Jetzt werde ich bestimmen, was sie zu tun hat. Sie soll weiter am Rechenrahmen arbeiten, so wie ich es ihr gestern gezeigt habe.« Gedacht, getan. Sie sagte Jule, dass sie den Rechenrahmen holen und die Aufgaben von gestern weiter bearbeiten solle und dass sie von ihr erwarte, heute damit fertig zu werden; ferner habe sie jetzt still zu sein und kein Wort mehr zu reden. Und eine Freundin dürfe sich auch nicht neben sie setzen. Darauf holte Jule – schmollend – den Rechenrahmen und begann zu rechnen, erst betont langsam und mit beleidigtem Gesicht. Dann aber vergaß sie beim Arbeiten, dass sie eigentlich nicht rechnen wollte; die Aufgaben begannen sie zu interessieren, und sie blieb mit zunehmender Freude bis zum Ende der Freiarbeit bei ihren Übungen. Als sie dann beim Aufräumen das Heft – sichtlich mit sich und der Welt zufrieden – in das Ablagekörbchen auf dem Tisch der Lehrerin legte, sagte sie glücklich: »Ich fühle mich heute so heilig.« Leider hat ihre »Heiligkeit« nicht lange angehalten. Sie blieb ein Kind, das immer die Führung der Lehrerin brauchte, wenn sie zu konzentrierter Arbeit kommen sollte. Aber das Beispiel zeigt doch deutlich, welche Wirkung eine konzentrierte Arbeit auf das Verhalten eines Menschen hat.

Je nach der Zusammensetzung der Klassen kann die Durchführung der Freiarbeit in der Praxis erfolgreich und erfreulich oder sehr anstrengend und manchmal auch enttäuschend sein. Zwar ist die innere Ordnung oder »Normalisierung« Folge der Gewöhnung an konzentrierte Arbeit, aber auch deren Voraussetzung. Denn:

»Nur die ›normalisierten‹, von der Umgebung unterstützten Kinder offenbaren in ihrer sukzessiven Entwicklung die wunderbaren Fähigkeiten, die wir beschreiben: die spontane Disziplin, die ständige, freudige Arbeit, die sozialen Gefühle der Hilfe und des Verständnisses für die anderen« (Montessori 1972: 185).

Fördernde und gefährdende Faktoren

Freudiges Arbeiten, Disziplin und soziale Kompetenz sind tatsächlich die Kennzeichnen psychisch gesunder Kinder. Allerdings kann die begeisterte Sprache Maria Montessoris in diesem Zitat eine allzu hohe Erwartung hervorrufen. Es muss daran erinnert werden, dass auch die geordneten Kinder Freude am Unsinn oder dem Ausloten von Grenzen haben und immer auch die Abstützung durch die Umgebung bzw. durch die Erwachsenen brauchen. Es sind noch – positiv und negativ – beeinflussbare Kinder und keine reifen Erwachsenen.

Ob die Stabilisierung durch engagierte Arbeit anhält, hängt oft weniger vom Einsatz der Lehrerin als vom sozialen Umfeld des Kindes ab. Wächst es zu Hause in einer Erziehungsatmosphäre auf, die vergleichbar ist mit den Bemühungen der Schule, so kann man das positive Wachstum der Kinder gut beobachten. Sind die Erziehungsbemühungen der Schule und die des Elternhauses verschieden oder gar gegenläufig, so kann man in der Schule zwar beobachten, wie sich Kinder durch die Beständigkeit der Freiarbeit ordnen, doch ist die Stabilität schnell wieder ins Wanken gebracht, wenn die Kinder in andere Situationen kommen.

Die »Genesung« durch Arbeit führt aber nicht bei allen Kindern zum Erfolg. Ein Kind, das z. B. den Verlust einer lebenswichtigen Beziehung erlitten hat, das misshandelt wurde oder das keine Geborgenheit in der elterlichen Liebe erfahren hat, braucht außerschulische therapeutische Hilfe, um mit tiefgreifenden Störungen fertigzuwerden.

5.

»Es muss sich um eine Arbeit handeln, die der Mensch in seinem Innersten anstrebt«

Das Bedingungsgefüge der Freiarbeit

Die Freiarbeit im Sinne der Montessori-Pädagogik ist an bestimmte Voraussetzungen geknüpft, die Maria Montessori sehr genau beschrieben hat und deren Richtigkeit man in der täglichen Praxis beobachten kann. Bei der erfolgreichen Durchführung von Freiarbeit im Sinne der Montessori-Pädagogik muss ein ganzes Bedingungsgefüge beachtet werden.

5.1 Eigenschaften des Arbeitsmaterials

Selbsttätiges Lernen in der Freiarbeit wird erst durch Gegenstände möglich, mit denen man zielgerichtet arbeiten und seine Fähigkeiten erproben kann. Montessori bezeichnet ihr Arbeitsmaterial als »Entwicklungsmaterial«, mit dessen Hilfe das Kind seine geistigen Energien entwickeln und mit denen es Erfahrungen machen kann. Sie stellt es denjenigen Materialien gegenüber, die den Lehrern helfen sollen, einen Unterrichtsgegenstand zu veranschaulichen.

Montessori-Arbeitsmittel sind auch keine Lernspiele, mit deren Hilfe man sich »spielerisch« Kenntnisse einprägen soll. »Spielerisch lernen« steht manchmal als Schlagwort in Zeitungen, wenn sie über Montessori-Schulen oder über die Freiarbeit berichten, aber das hat mit der Intention Montessoris nichts zu tun. Sie bezeichnet handelndes Lernen stets als »Arbeit«, durch die das Kind nicht nur Kenntnisse erwirbt, sondern vor allem seine Persönlichkeit strukturiert. Dass dabei manchmal für den Betrachter die Grenzen von Spiel und Arbeit nicht genau auszumachen sind, liegt zum einen an der Arbeitsfreude von Kindern und zum anderen an der jeweiligen Fähigkeit der Beobachter, die kindliche Tätigkeit in ihrer Bedeutung für das psychische Wachstum des Kindes zu erkennen.

Kindliche Arbeit

Damit die Arbeitsmittel als »Entwicklungsmaterial« ihre Aufgabe erfüllen können, müssen sie einerseits den »Kulturinhalt selbst« in seiner Eigengesetzlichkeit richtig darstellen und andererseits an die psychischen Entwicklungsbedürfnisse der Kinder angepasst sein.

Die Arbeitsmittel müssen so beschaffen sein, dass sie dem kindlichen Verständnis angepasst sind. Montessori spricht davon, dass das Kulturgut dem »kindlichen Geist erreichbar« sein muss, sodass das Kind »durch eigene Arbeit eindringen und sich begeistern kann«. 5- und 6-jährige Kinder interessieren sich z. B. besonders für große Zahlen, obwohl sie aufgrund ihres Entwicklungsstandes diese noch gar nicht abstrakt erfassen können. Ich erlebte z. B. einmal ein 5-jähriges Mädchen, das sich mit bedeutungsvoller Aussprache die Zahlen »hundert« und »tausend« vorsprach und dabei versuchte, am Wortklang zu erkennen, welche Zahl größer sei. Das Mädchen entschied sich schließlich für »tausend«, weil es dieses Wort beim Sprechen noch besser aufblähen konnte als »hundert«. Wenn auch das Ergebnis dieser Bemühungen zufällig richtig war, so wäre dem Kind sicher ein Material hilfreich gewesen, das die Ordnung der Zahlen dem kindlichen Geist auf sachgerechte Art »erreichbar« gemacht hätte. Mit dem »Goldenen Perlenmaterial« und dem »Kartensatz« hat Montessori ein Arbeitsmittel geschaffen, das es dem Kind ermöglicht, seinem Interesse auch auf dieser frühen Stufe zu folgen und sich im Zahlenbereich zu orientieren.

Entwicklungsangemessenheit

Material zur Zahlenvorstellung

Lose Perlen versinnbildlichen die Einer, zehn Perlen auf einem Draht sind zum Zehner gebündelt, zehn Zehnerstangen sind zu einem Hunderter zusammengefasst, und zehn Hunderter bilden aufeinandergestapelt einen Tausenderkubus. Einerperlen, Zehnerstangen, Hunderterquadrate und Tausenderwürfel sind so oft vorhanden, dass die Kinder damit mehrere gemischte Tausenderzahlen bilden können. Zu diesem Material gibt es

Goldene Perlen

Zahlenkarten, die man den verschiedenen Zahlenmengen zuordnen kann. Man kann die Karten so aufeinanderlegen, dass gemischte Zahlen entstehen. Anschließend lernt das Kind, mit dem Goldenen Perlenmaterial die Grundrechenarten durchzuführen.

Auch andere Materialien ermöglichen es den Kindern, Verständnis und eine innere Vorstellung von Sachverhalten zu gewinnen, die ohne Material »viel zu schwer« wären.

Bruchrechnung

Die Bruchrechnung z. B. ist nur in Ansätzen Lehrstoff der Grundschule, und doch ist sie leicht zu verstehen, wenn man ein Material dazu hat. Man kann die Kreis-Bruchteile miteinander vergleichen, um herauszufinden, welche und wie viele einen Kreis ergeben. Man kann auch Aufgaben der vier Grundrechenarten lösen, weil man die Rechenoperationen anschaulich darstellen kann. Eine ehemalige Schülerin sagte einmal: »Ich weiß gar nicht, warum so vielen anderen die Bruchrechnung schwerfällt. Ich sehe sofort das rote Bruchrechenmaterial vor mir und kann mir leicht vorstellen, was ich da eigentlich tue, wenn ich Aufgaben löse.«

Lernen wird dann spannend, wenn das Kind das, was andere schon vor ihm entdeckt haben, für sich selber neu entdecken kann. »Das Gut dieser Kultur dem Kind durch das Wort zu übermitteln, ist bedeutungslos; wesentlich ist, dass es dieses Kulturgut *erlebt*« (Montessori 2008: 25).

Wie die Ausführungen zur Arbeit mit dem Goldenen Perlenmaterial schon deutlich gemacht haben, ist es das eigenständige Entdecken von Strukturen und Ergebnissen, was das Kind dazu bewegt, die Übungen ausdauernd durchzuführen.

Bruchrechnung

Ähnlich wie sich Erstklässler nicht nur mit dem Zahlenraum von 1 bis 10 beschäftigen, sondern gleich die ganze Ordnung des Dezimalsystems kennenlernen wollen, möchten sie auch ganz schnell lesen und schreiben lernen. Manche Kinder kommen mit der Vorstellung zur Schule, dies bereits in den ersten Tagen bewältigen zu können. Um diese hohe Motivation aufzufangen, brauchen die Kinder Arbeitsmittel, die ihnen erlauben, schon früh erste Erfahrungen mit dem Schreiben von Wörtern zu machen.

Material zum Schreibenlernen

Mit Hilfe der »Sandpapierbuchstaben« können die Kinder die Schreibbewegung erfassen. In verschiedenen Übungen mit der »Anlauttabelle« (Ergänzungsmaterial) gewinnen die Kinder Sicherheit im Umgang mit Laut und Buchstabe. Wollen sie nun erste Wörter schreiben, so spricht das Kind oder die Lehrerin ein Wort langsam und deutlich aus, das Kind horcht auf die Laute und ordnet ihnen die entsprechenden Buchstaben zu. So kann es bereits erste Wörter schreiben, bevor es noch lesen kann. Sehr bald schreiben die Kinder Wörter, die sie sich selber vorsprechen: Bolizai, Flukzoik, schtrase, und sie erfinden kleine Sätze: BALT HABNWIAR FEAREN UNT ich Binso AufGereGt. Wenn das Kind auf diese Weise schreibt, trainiert es die akustische Analyse von Wörtern und übt sich darin, den Lauten einen Buchstaben oder eine Buchstabenverbindung zuzuordnen.

Dies ist eine wichtige Übung, denn es ist die Grundlage für den ganzen Prozess des Lesen- und Schreibenlernens. Er dauert von Kind zu Kind unterschiedlich lange und ist auch jeweils unterschiedlich leicht bzw. mühsam. In dieser Lernphase ist die Frage nach der Rechtschreibung irrelevant. Auch wenn das Kind seine Gedanken schon selbstständig

Erste Übungen zur Satzanalyse

in Schriftsprache umsetzen kann, so kann es das Geschriebene vorerst noch nicht lesen. Erst wenn durch viele Übungen die akustische Analyse von Wörtern und die Verbindung von Laut und Buchstaben beherrscht wird, kommt es zum eigenständigen Lesen, und später fragen die Kinder dann auch nach dem »richtigen« Schreiben der Wörter.

Satzstrukturen

Ben und Ali haben Freude am Erforschen von Satzstrukturen. Sie denken sich Sätze aus, die nur Subjekt, Prädikat und Objekt enthalten, und finden mithilfe der Satzgliederungsteile die Satzstrukturen dazu.

Aber auch eine uns ganz vertraute Arbeit wie das Lesen eines Buches befriedigt unser Forschungsstreben. Wenn Dora aufgrund ihres Interesses in einem Sachbuch etwas über Katzen liest und daraus etwas abschreibt oder zeichnet, so findet entdeckendes Lernen statt.

Beliebt ist der Elektrokasten: Man kann Lämpchen zum Leuchten bringen, Reihen- und Parallelschaltungen anschließen oder Elektromagnete bauen.

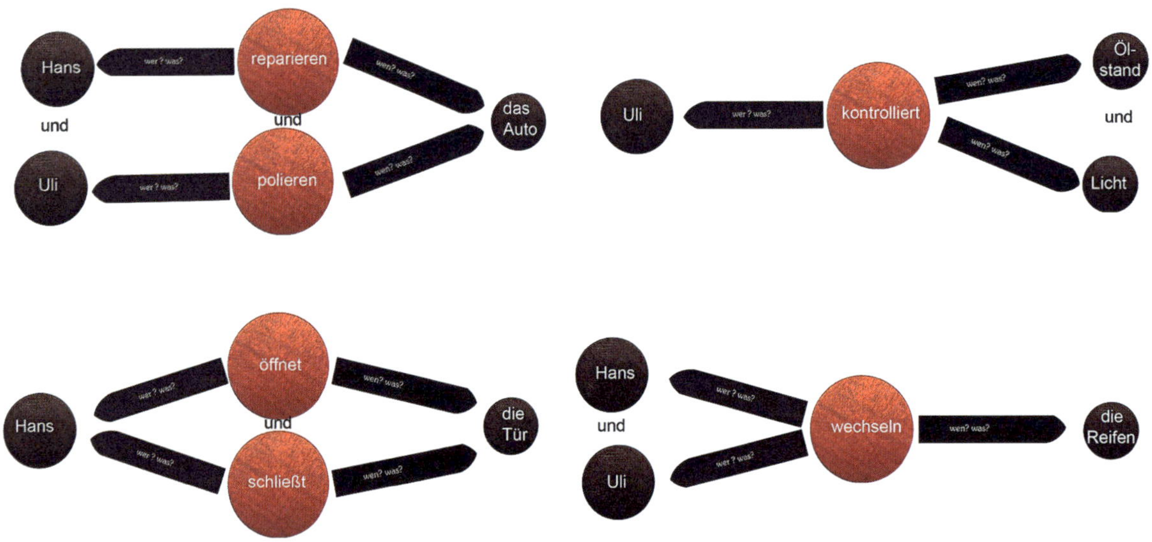

Satzgliederung, vier Sätze

Markenspiel

Rechenrahmen

Man kann sicher sein, dass Lerninhalte, die erlebt wurden und bei denen sich die Kinder begeistern und etwas entdecken konnten, nicht vergessen, sondern als Erfahrung einer Lebenswirklichkeit fest in die Persönlichkeit des Kindes integriert werden.

Zunehmender Abstraktionsgrad

Während Arbeitsmittel und Übungen für das kleine Kind noch sehr sinnenhaft greifbar sein müssen, werden die Arbeitsmittel und Aufgabenstellungen für die Älteren zunehmend abstrakter und fordern die Vorstellungskraft und Fantasie der Kinder heraus.

Das bereits beschriebene Goldene Perlenmaterial z. B. ist noch »rein sinnenhaft«. Es legt das Fundament für den Aufbau einer inneren Zahlenvorstellung und macht mathematische Strukturen erlebbar. Das »Markenspiel« führt die Arbeit mit dem Goldenen Perlenmaterial auf einer abstrakteren Ebene weiter. Im Gegensatz zum Goldenen Perlenmaterial, bei dem die Einer, Zehner, Hunderter und Tausender in nachzählbaren Perlen dargestellt sind, haben die Marken jetzt nur noch Symbolcharakter. Die Abbildung zeigt eine Addition: Erst werden alle Plättchen hingelegt, anschließend umgetauscht. Das Umtauschen von einer Kategorie in die andere haben die Kinder bereits bei der Arbeit mit dem Goldenen Perlenmaterial kennengelernt.

Eine weitere Abstraktionsstufe bringt der »Kleine Rechenrahmen«. Er ähnelt äußerlich dem bekannten Rechenrahmen (oft auch »Rechenmaschine« genannt) mit seinen 100 Perlen auf 10 Drähten. Doch ist der Aufbau der Zahlenordnung beim Montessori-Rechenrahmen ein anderer: Auf dem obersten Draht befinden sich 10 grüne Perlen, die Einer, und auf den folgenden Drähten in den Farben blau, rot und wieder grün die Zehner, Hunderter und Tausender.

Wenn ein Kind mit dem Kleinen Rechenrahmen eine Addition durchführen will, so wird es (anders als beim Markenspiel) zwangsläufig auf die Schwierigkeiten stoßen, die bei der Zehnerüberschreitung entstehen – und die man gar nicht mehr wahrnimmt, sobald man durch Übung eine gewisse Automatisierung erreicht hat.

Wie in der folgenden Beispielaufgabe zu sehen ist, kann die Aufgabe 19 + 2 nur durch folgende Rechenschritte durchgeführt werden:

- Eine Einerperle (grün) ergänzt 9 Einer zu 10 Einern.
- Zehn Einer werden in einen Zehner (blau) umgetauscht.
- Der noch fehlende Einer aus der Aufgabe kann nun eingeschoben werden.
- Das Ergebnis heißt 21.

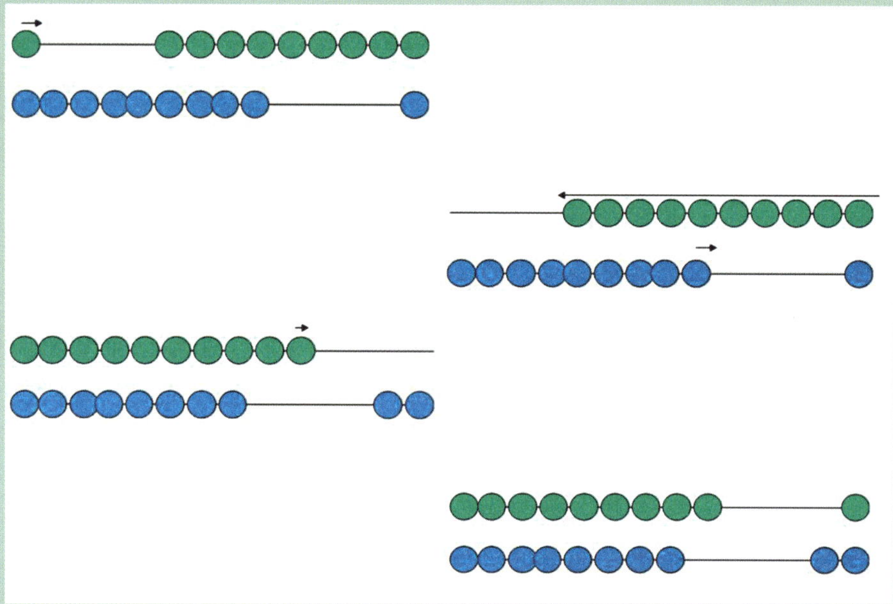

Wachsender Schwierigkeitsgrad

In vielen Übungen arbeitet sich das Kind von einfachen zu schwierigen Aufgaben vor, bis es die Additionen schließlich ohne Rechenrahmen durchführen kann. Die Aufgaben, die das Kind bearbeitet, kann es sich selber stellen, oder es gebraucht die Aufgabenkarten, die die Lehrerin erstellt hat. Bei vorbereiteten Karten sind die Aufgaben so gewählt, dass schrittweise bestimmte Schwierigkeiten geübt werden. Wenn man darauf achtet, dass als Summe besondere Ziffernkombinationen vorkommen, z. B. 8888 oder 1234, so erhöht dies die Freude am Rechnen. So kam einmal Michael zur Lehrerin und sagte: »Komm mal mit. Ich habe voll das lustige Ergebnis.« Und er führte ihr die Aufgabe noch einmal vor, die ihn so erfreute. Auf jedem Draht erschienen beim Addieren zehn Einheiten, die er jeweils umtauschen musste bis zum Ergebnis 9000. Das fand er wirklich »voll lustig«.

Ob Markenspiel, Rechenrahmen oder andere Arbeitsmittel wie die Große Division, das Große Multiplikationsbrett (»Schachbrett«), die Arbeitsmittel zur Bruchrechnung und zum Wurzelziehen u. a.: All diese Arbeitsmittel erlauben dem Kind, auf einer relativ frühen Stufe mit »schwierigen« Aufgaben und großen Zahlen umzugehen. Sie machen die Welt der Mathematik erfahrbar und interessant. Es ist das »Große«, das die Kinder anzieht. Auch Themen aus dem Sachunterricht können die Kinder für das Große begeistern.

»Die geringsten Details werden interessant, wenn sie als Teil eines Ganzen dargestellt werden; das Interesse wächst umso mehr, je mehr man von den Details weiß« (Montessori 1988: 121).

Wenn die Kinder Bohnen und Kürbiskerne in die Erde stecken, so können sie grundlegende Erkenntnisse über das Keimen und Wachsen gewinnen. Jeden Tag gehen die Kinder zu ihren Blumentöpfchen, um nachzusehen, ob der Samen gekeimt ist. Sie merken, dass die Samen eine unterschiedliche Keimdauer haben. Sie können beobachten, wie der Same aufquillt, sich eine Wurzel in der Erde verankert und der Keim in die Höhe wächst. Sie merken auch, dass einige Samen nicht keimen. Warum? Vielleicht war der Trieb zerstört? Einige Samen sind vertrocknet, andere verfault. Samen, die ins Erdreich gesteckt wurden, sind besser gekeimt als solche, die nur oben auf dem Erdreich lagen. Andererseits sind die auf Watte gelegten Samen recht gut gekeimt. Die schwarze Blumenerde hat das Wasser besser gespeichert als die braune, lehmige Erde.

Warum gibt es verschiedene Erden? Wie ist das Erdreich entstanden? Schnell ist man bei neuen Wissensgebieten, bei Sonne und Wärme, Wasser und Erde.

»Wenn man das Interesse des Kindes auf der Grundlage der Wirklichkeit wachruft, dann wird sogleich der Wunsch wach, mehr von ihr zu erfahren« (Montessori 1988: 123).

Kinder bringen z. B. auch Steine mit. Conny zeigt einen ganz rund geschliffenen schwarzweißen Stein mit Glitzerstückchen. Elli hat einen weißen, harten Stein in den Alpen gefunden. Und Michel bringt einen Stein mit einem weißen Streifen, den er irgendwo am Weg gefunden hat.

Sie wollen wissen, wie die Steine heißen und wie sie entstanden sind. Die Lehrerin ist vorbereitet, ihnen eine Geschichte von der Entstehung der Steine zu erzählen. Denn wichtiger als das Lernen von Einzelheiten ist das Hineinwachsen in das Verständnis des Ganzen, der Weise, wie in unserem Kosmos alles miteinander in Beziehung steht.

»Die Sterne, die Erde, die Gesteine, alle Formen des Lebens bilden in enger Beziehung untereinander ein Ganzes; und so eng ist diese Beziehung, dass wir keinen Stein begreifen können, ohne etwas von der großen Sonne zu begreifen! Keinen Gegenstand, den wir berühren, ein Atom oder eine Zelle, können wir erklären ohne Kenntnis des großen Universums« (Montessori 1988: 42).

Steinsammlung

Lehrererzählung: Entstehung der Erde

Die Lehrerin beginnt zu erzählen:

Vor vielen Milliarden Jahren gab es noch kein Universum, keine Sonne, keine Sterne und keine Planeten; auch die Erde gab es noch nicht. Aber auf einmal – wir wissen nicht, wie und warum – entstand im dunklen, leeren All eine riesige, feurige Wolke von Helligkeit, Hitze und Energie, unvorstellbar groß und heiß. In dieser Gaswolke entstanden Millionen kleinster, gasförmiger Teilchen, z. B. Wasserstoff und Helium, Eisen und Silizium und noch viele andere. Sie waren ganz unterschiedlich und voller Energie. Die Gaswolke dehnte sich aus und schuf einen Raum: das Universum. Millionen von Teilchen drängten sich eng aneinander, andere aber stießen sich im Gegenteil heftig voneinander ab. So entstanden riesige gasförmige Wolken: die Himmelskörper. Das war die Geburt des Universums!

Die Forscher suchten nach Bildern und Worten, wie sie das beschreiben sollten. Einige stellten sich dieses Geschehen wie eine Explosion vor, und einer erfand dafür einen besonderen Namen: Er nannte dieses Geschehen »Urknall«.

Die Himmelskörper – die Sonnen, Sterne und Planeten, auch die Erde – drehten sich im neu entstandenen riesigen Raum des Universums viele Millionen Jahre lang. Einige Planeten kühlten sich dabei von außen ab – auch die Erde. Die schweren Teilchen wie Eisen und Nickel verdichteten sich im Innern der Erde, sie blieben aber heiß wie Feuer. Die leichteren Teilchen lagerten sich darüber ab. So entstanden die unterschiedlichen Erdschichten. Aber weil die einen Schichten schon hart und kalt, die anderen aber noch weich und heiß waren, drückten sie sich gegeneinander, pressten sich aufeinander, falteten Gebirge auf oder brachen an anderer Stelle ab.

Manchmal explodierte auch aus dem feurigen Erdinnern heißes Magma nach oben – Magma ist glühend heißer Steinbrei –, und ein Vulkan ergoss ein steinernes Feuer über die anderen Erdschichten.

Die Weltmeere lagerten Sand, Schlick, Pflanzenreste und tote Meerestiere auf den Gesteinsschichten ab. Durch die meterhohen Massen wurden auch diese Schichten hart wie Stein.

Die Sonne glühte auf die Erde, das Eis zersprengte Steine und Felsen, der Regen prasselte und riss Sand, Kies und Felsen mit sich fort.

Als die Menschen entstanden waren, haben sie begonnen, alles um sich herum zu erforschen. Sie haben ihren Entdeckungen Namen gegeben. Die Steine nannten sie z. B. Granit, Quarz, Basalt oder Schiefer. Die verschiedenen Größen der Steine nannten sie Fels, Kies oder Sand. Die Formen der Steinschichten nannten sie Schichtung oder Faltung, Mulde oder Sattel.

Bis zum heutigen Tag bewegen sich die Erdschichten. Und Vulkane schleudern heißes Magma aus dem Erdinnern nach oben. Und überall auf der Welt forschen die Menschen, um diese wunderbare Geschichte der Erde und des Universums besser verstehen zu können. Sie möchten begreifen, wie alles miteinander verbunden ist. Sie nennen alles zusammen: »Kosmos«, denn das bedeutet: »Welt-Ordnung«.

Damit das angeregte Interesse der Kinder weitere Nahrung findet, zeigt die Lehrerin ihnen ein Material, den »Geologiebaukasten« (vgl. Elsner 1982). Es handelt sich um handliche

Holzwürfel, die aneinandergereiht geologische Formationen wie Schichtung, Faltung, Verwerfung usw. bildlich darstellen. Dazu gehören Arbeitskarten, ein erklärendes Buch und – nach Möglichkeit – eine von der Lehrerin zusammengestellte Steinsammlung. Die Arbeit mit dem Geologiebaukasten ermöglicht es den Kindern, Erkenntnisse von geologischen Formationen zu erwerben und lange bei ihrem Interesse zu verweilen.

Geologie

Das Material muss ein grundlegendes Interesse für viele Wissenschaftsgebiete wecken. Im Alter von 6–12 Jahren kann das Kind für alle Wissensgebiete begeistert werden. Wie in den Beispielen beschrieben, hat jedes Thema seine Querverbindungen zu anderen Themen. So öffnet jede gewonnene Erkenntnis die Tür zu neuen Wissensgebieten.

Weckung vielfältiger Interessen

»In dieser Epoche, in der eine Art sensibler Periode der Vorstellungskraft existiert, geht es darum, den ›Keim für die Wissenschaften‹ zu legen« (Montessori 1988: 125).

Montessori spricht auch von einer »Höchstzahl von Interessensamen« (Montessori 1988: 38), die gestreut werden sollen und die dann später keimen können. Auch wenn die Kinder vielleicht vergessen, was sie im Einzelnen gelernt haben, so bleibt ihnen ein grundsätzliches Verständnis für die Querverbindungen der Sachinhalte untereinander und eine Offenheit für alles, was sie einmal tief interessiert hat, erhalten.

»Mit dem Material geben wir dem Kind die Arbeitsmöglichkeit für seine Intelligenz. Das Material ist gleichsam nur der *Anfang*; die manuelle Arbeit mit ihm ordnet die Kenntnisse des Kindes, gibt Klarheit der Kenntnisse und führt zu selbstständiger geistiger Tätigkeit. Das Material ermöglicht dem Kind eine geordnete geistige Entwicklung und schafft geistige Disziplin« (Montessori 2008: 25f).

Damit das Material diese Aufgabe erfüllen kann, muss es erkennbare, dem Inhalt adäquate Ordnungsstrukturen enthalten.

Auch die Arbeit der Lehrerin und des Kindes muss sachgerecht sein.

Sachgerechtes Arbeiten

Sachgerechte Arbeit verlangt von den Kindern eine Unterordnung unter die Gesetze der Sache. Manchen Kindern fällt das schwer. »Aber ich mache das so, wie ich will«, sagen sie trotzig, wenn die Lehrerin bemerkt, dass sie ein Arbeitsmittel falsch gebrauchen und dadurch zu fehlerhaften Ergebnissen kommen, und wenn sie nun die Arbeitstechnik korrigieren sollen. Mona z. B. will Geteilt-Aufgaben mit der »Großen Division« durchführen. Bei den ersten Erklärungen der Lehrerin hört sie noch geduldig zu, führt anschließend die Übung mathematisch korrekt durch und kommt auch zu richtigen Ergebnissen. Bei den nächsten Übungen dauert ihr das Ganze viel zu lange. Obwohl sie die Struktur der

Aufgabe noch nicht erfasst hat, will sie die Arbeit jetzt verkürzen, indem sie teils mit Material, teils im Kopf rechnet. Sie rechnet die Aufgabe 3453 : 3 jetzt auf »ihre« Art: Die drei Tausender verteilt sie noch richtig an drei, und ebenfalls drei der vier Hunderter. Anstatt aber nun den beim Verteilen übrig gebliebenen Hunderter in zehn Zehner umzutauschen, rechnet sie ihn zu den fünf Zehnern hinzu und dividiert 6Z : 3; zum Schluss verteilt sie die drei Einer wieder richtig. Das Ergebnis, das sie bei dieser Aufgabe erhält, lautet: 1121. Bei weiteren Aufgaben, die sich auf »ihre« Art nicht so glatt lösen lassen, schreibt sie eine Null ins Ergebnis. Auf die Fehler angesprochen, reagiert sie empört und legt ihre ganze Kraft in die Verteidigung ihrer Rechenweise. Mithilfe des Materials könnte Mona leicht ihre eigene Rechentheorie überprüfen, vorausgesetzt, sie will dies. Aber es fällt ihr schwer, anzuerkennen, dass Sachgesetze von ihrem Willen unabhängig sind. Andererseits wird sie in der täglichen Arbeit mit Dingen, die sich ihrer Willkür entziehen, immer wieder dazu aufgefordert, sich an der Sache zu orientieren und »geistige Disziplin« zu üben.

5.2 Fehlerkontrolle

Positive Rolle von Fehlern

Zum Lernen gehören nicht nur Lernfortschritte, sondern auch Fehler. Fehler zeigen an, wie weit eine Tätigkeit schon beherrscht wird, und sie helfen, die eigenen Fähigkeiten richtig einzuschätzen. Montessori empfiehlt, »dem Fehler gegenüber ein freundschaftliches Verhalten an den Tag zu legen und ihn als einen Gefährten zu betrachten, der mit uns lebt und einen Sinn hat« (Montessori 1972: 222). Im Gegensatz dazu wird im Umgang mit Kindern manchmal so getan, als gäbe es die Möglichkeit, fehlerfrei zu lernen, wenn man sich nur genügend anstrengen würde. In diesem Sinne sind Fehler dann immer ein Hinweis auf die mangelnde Mühe des Kindes und dienen dazu, es zu beschämen. Ein Kind lernt so, Fehler zu vertuschen. Es sollte aber lernen, den Fehler als sachlichen Hinweis auf seine Fähigkeiten und Schwächen zu betrachten. Es sollte außerdem lernen, dass alle Menschen Fehler machen. Und es sollte lernen, Fehler zu kontrollieren und zu berichtigen.

Wenn ein Kind selbstständig arbeiten soll und will, muss es lernen, Fehlerkontrollen zu nutzen. Deswegen sind Fehlerkontrollen nötig, die das Kind selber durchführen kann.

Arten der Fehlerkontrolle

Dazu gibt es verschiedene Möglichkeiten.

Bei der *mechanischen Fehlerkontrolle* wird das Kind durch das Material selbst darauf aufmerksam gemacht, dass etwas nicht stimmt. Will es z. B. einen Stromkreis schließen, um ein Lämpchen zum Leuchten zu bringen, so wird das erst gelingen, wenn die Übung sachlich richtig durchgeführt wird.

Wenn ein Kind durch die mechanische Fehlerkontrolle zwar auf den Fehler gestoßen wird, den Fehler selbst aber nicht findet, wird es vermutlich andere Kinder oder die Lehrerin *um Hilfe bitten.* Führt es z. B. mithilfe des Markenspiels oder der »Großen Division«

eine Divisionsaufgabe durch, von der es weiß, dass sie ohne Rest zu lösen ist, und es bleiben Marken oder Perlen übrig, dann merkt es, dass es einen Fehler gemacht hat. Falls das Kind vorher ungenau gearbeitet hat und sich auch daran erinnert (aber in der Hoffnung weitergemacht hat, dass schon alles gut gehen wird), wird es die Aufgabe noch einmal machen und diesmal genauer arbeiten. Wenn es seinen Fehler aber nicht gedanklich zurückverfolgen kann, wird es zur Lehrerin kommen und sie um Hilfe bitten. In diesem Fall muss die Lehrerin dem Kind bei der Wiederholung der Aufgabe zuschauen, um herauszufinden, wo der Fehler steckt.

Nicht jede Arbeit kann von Anfang an richtig durchgeführt werden. Die Kinder vervollkommnen sich auch durch die *Wiederholung der Tätigkeit*. Ein Kind, das seine ersten Schreibversuche macht und dabei Wörter lautgetreu aufschreibt, führt die Übung der akustischen Analyse eines Wortes zwar richtig durch, macht aber trotzdem Fehler: entweder, weil es noch nicht in der Lage ist, jeden Laut zu analysieren; oder weil gar nicht jeder Laut richtig analysiert werden kann (das u in »Wurst« wird auf eine Art gesprochen, die einem »u« eigentlich nicht zugeordnet werden kann); oder weil es richtig analysiert, aber im Sinne der Rechtschreibung »falsch« schreibt, z. B. »fogl« statt »Vogel«. In diesem Fall werden die Übungen nur durch das regelmäßige Trainieren der gleichen Tätigkeit vollkommener werden: Das Kind lernt, schärfer zu hören; es lernt, Laut und Buchstabe auch in schwierigen Konstellationen richtig zu verbinden; und es lernt, wenn später auch Rechtschreibübungen hinzukommen, das fehlerfreie Schreiben.

Ein Kind kann seine Arbeit auch durch den *Vergleich mit einer Vorlage* kontrollieren. Das ist z. B. der Fall, wenn es das Wörterbuch zur Hand nimmt, um nachzuschauen, wie ein Wort geschrieben wird. Andere Vorlagen müssen zum Zweck der Selbstkontrolle von den Lehrern hergestellt werden. Das können z. B. Karten mit den Endergebnissen von Rechenaufgaben sein oder Hefte mit der Bestimmung von Wortarten.

Erstklässler nutzen Vorlagen manchmal, um davon abzuschreiben und der Lehrerin dann stolz zu zeigen, was sie schon alles können. Sie schreiben z. B. die Aufgabe 5 + 3 von einem Rechenkärtchen ab, lesen dann auf der Rückseite die 8 und schreiben sie als Ergebnis hin. Ein Kind, das so arbeitet, will nicht »pfuschen«. Es hat nur eine von mehreren Möglichkeiten entdeckt, wie man diese Aufgabe lösen kann. Im Laufe des 1. Schuljahres wird das Kind beim Rechnen immer sicherer und lernt, die Aufgabe zunächst mit Material und dann im Kopf zu lösen. Langsam begreift es auch, was die Fehlerkontrolle soll und wie sie richtig angewandt wird. Man kann dieses »Abschreiben« also als Arbeit des Kindes akzeptieren. Wenn ältere Kinder die Vorlagen zum »Abgucken« oder »Abschreiben« nutzen, dann ist dies allerdings ein Hinweis darauf, dass sie vom souveränen Umgang mit der Sache noch weit entfernt sind.

Es kommt auch vor, dass einzelne Kinder die Vorlagen zum »Pfuschen« benutzen. Dies ist dann ein Grund, mit dem Kind darüber zu sprechen, damit es die innere Haltung zur Arbeit korrigiert.

Auch die *gemeinsame Diskussion* führt zur Fehlerkontrolle. Wenn Kinder zusammen sind, um etwas zu besprechen oder zu diskutieren, so fließt natürlicherweise die gegenseitige Fehlerkontrolle mit ein. Behauptungen, die nicht überzeugen, werden zurückgewiesen, unlogische Gedankengänge werden berichtigt, Unkenntnis wird durch das Wissen der anderen ergänzt. Wenn unrichtige Behauptungen stehen bleiben, so deswegen, weil das Verständnis für bestimmte Sachverhalte noch nicht entsprechend entwickelt ist oder einfach noch notwendige Kenntnisse fehlen. Trotzdem wird jedes Kind durch das Gespräch dazu gebracht, eigene Meinungen zu überdenken und Kenntnisse zu überprüfen.

5.3 Die Einführung des Materials

Wie lernen die Kinder mit dem Material umzugehen? Ähnlich wie bei Spielen erst die Spielregeln erklärt werden müssen, muss bei einem Arbeitsmittel erst die Arbeitstechnik erklärt werden, ehe das Kind damit sinnvoll umgehen kann. Das nennt Montessori *Lektion*.

Die Einführung eines neuen Materials erfolgt gewöhnlich als Einzellektion: Die Lehrerin setzt sich neben ein Kind, das sich ein bestimmtes Material geholt hat, und erklärt ihm mit Worten und Handlungen, wie das Material zu handhaben ist. Manche Arbeitsmittel lassen sich jedoch besser durch eine Gruppenlektion als durch eine Einzellektion erklären, und zwar jene, die eine längere, anregende Lehrererzählung voraussetzen. Zu diesen Materialien gehören z. B. das Zeitband zur Darstellung der Erdzeitalter oder der Geologiebaukasten. Andere Arbeitsmittel wie die Erdkundesteckkarten werden häufig von Kind zu Kind erklärt, ohne dass die Lehrerin um Hilfe gebeten wird.

Einzel- und Gruppenlektionen

Grundsätzlich können alle Arbeitsmittel auch von einem Kind erklärt werden, das die Handhabung schon gut beherrscht. Aber bei Arbeitsmitteln mit einer etwas komplizierteren Arbeitstechnik haben die Kinder es gern, wenn die Lehrerin oder der Lehrer dies tut.

Bei einer Lektion ist die *genaue Handhabung* wichtig. Die Einführung eines Materials braucht Ruhe und Zeit, manchmal fünf Minuten, manchmal deutlich mehr, z. B. 20 Minuten. Die Lehrerin, die gleichzeitig auch die anderen arbeitenden Kinder im Blick haben und vielleicht deren kurze Fragen beantworten muss, darf nie in den Fehler verfallen, die Einführung hektisch oder nachlässig durchzuführen. Die Art und Weise, wie sie selbst arbeitet, wird die Art und Weise sein, wie die Kinder später damit arbeiten. Die Kinder übernehmen mit der Einführung nicht nur die Arbeitstechnik, sondern auch die Sorgsamkeit, Ruhe und Gründlichkeit der Lehrerin – oder ihre Nachlässigkeit, Hektik und Oberflächlichkeit.

Sorgfalt

Lehrer und Lehrerinnen müssen das Material selbst genau kennen und handhaben können. Denn mit der Arbeitstechnik wird auch ein Lerninhalt vermittelt, und dieser muss sich klar und einsichtig dem Kind einprägen können. Es geht darum, dass das anfängliche Interesse des Kindes vertieft wird, damit sich aus der ersten Motivation ein längerer Arbeitszyklus entwickeln und ein Lernerfolg einstellen kann. Man verschließt den Zugang zu Material und Lehrinhalt, wenn die Einführung nicht erfolgreich durchgeführt werden kann.

Auch bei einer Lektion muss der *richtige Zeitpunkt* beachtet werden. Das Interesse für bestimmte Lerninhalte erwacht, lange bevor ein Kind in der Lage wäre, diese abstrakt und ohne Material zu erfassen. Das Interesse an Buchstaben und Zahlen erwacht z. B. bereits im Kindergartenalter, aber hier kann es passieren, dass dem Kind wenig Verständnis entgegengebracht wird. Manche sagen: »Schreiben, lesen und rechnen lernt man in der Schule«, und bieten deswegen dem Kind keine adäquaten Arbeitsmittel an, mit deren Hilfe es seinen Interessen folgen kann. So können wichtige Lernmotivationen ungenutzt vorübergehen.

Wahl des passenden Zeitpunkts

Der Zeitpunkt für die Einführung eines Materials wird vom Interesse des Kindes bestimmt, nicht vom Lehrplan. Als »Faustregel« gilt, dass der richtige Zeitpunkt für ein bestimmtes Material ungefähr zwei Jahre vor der Zeit liegt, zu der der entsprechende Lerninhalt im Lehrplan vorgesehen ist. Das liegt daran, dass die Arbeit mit dem Material zwar das Interesse voraussetzt, aber nicht die Fähigkeit, den Lerninhalt schon ganz zu verstehen. Das Verständnis wird ja gerade durch die Arbeit mit dem Material entwickelt, sodass dieses beiseitegelegt werden kann, wenn das Verständnis gereift ist.

Jedes Material ist pro Klasse meist nur einmal, in manchen Fällen höchstens zwei- oder dreimal vorhanden. Die *Begrenzung* hat den Sinn, das Kind vor Reizüberflutung zu schützen. Außerdem lernen die Kinder, sich untereinander abzusprechen und sich in Geduld zu üben.

Zwar ist das gesamte Angebot an Arbeitsmitteln sehr groß, weil eine ganze Klasse aus Kindern, die sich in verschiedenen Entwicklungs- und Interessenphasen befinden, sinnvoll arbeiten können muss. Aber das Angebot muss in jedem Fall für die Kinder übersichtlich und die ihm innewohnende Ordnung erkennbar bleiben.

Arbeitsmittel wie das Hunderterbrett kann ein Kind allein benutzen, aber auch zusammen mit einem Freund oder einer Freundin. Additionen am Kleinen Rechenrahmen kann man nur allein durchführen, aber eine Freundesgruppe kann sich trotzdem zusammentun, um mit den Rechenrahmen zu arbeiten, wenn zwei oder drei Kleine Rechenrahmen vorhanden sind. Für Grundschulkinder wird die Tatsache, dass man in einer Gruppe arbeiten kann, wichtig, und diese zusätzliche Motivation sollte auch zur Geltung kommen können.

5.4 Die Vorbereitete Umgebung als Antwort auf die Entwicklungsbedürfnisse des Kindes

Die Arbeitsmöglichkeiten der Vorbereiteten Umgebung müssen auf die Sensibilitäten des Kindes bezogen sein.

Kriterien für das Material

Der *Sensibilität für das Erfassen von Erscheinungen der Kultur und Natur* entsprechen die Arbeitsmittel. Dies ist der leichteste Teil der Vorbereitung der Umgebung, zumal Maria Montessori selber ein hervorragendes Arbeitsmaterial geschaffen hat, in der Tradition der Montessori-Schulen weitere Arbeitsmittel entstanden sind und auch viele

Verlage Arbeitsmittel anbieten. Wichtig bleibt, dass die Arbeitsmittel die selbstständige Erarbeitung eines Lerninhalts ermöglichen, dass sie untereinander in Beziehung stehen, Struktur und Ordnung haben und dass der Gesichtspunkt der Begrenzung beachtet wird.

Schwieriger wird es, wenn es um die *Sensibilität für moralische und für soziale Fragen* geht. Dazu gibt es kein Material. »Für den Verstand gibt es viele Gegenstände (...); aber für den Geist sind wir selbst da« (Montessori 1976: 310). Das heißt, dass die Lehrer durch die Ausstrahlung ihrer Persönlichkeit und durch die Regeln, die sie aufstellen und auch selber einhalten, eine »geistige Vorbereitete Umgebung« schaffen. In dieser geistigen Vorbereiteten Umgebung kann im handelnden Umgang miteinander soziale Kompetenz sowie moralische Nachdenklichkeit und Erkenntnis eingeübt werden.

Persönlichkeit der Lehrerin

Dem Bedürfnis des Kindes nach einer *Erweiterung des Aktions- und Erfahrungskreises* kann die Freiarbeit nur bedingt Rechnung tragen. Neben der Freiarbeit sind auch andere Unterrichtsformen wichtig, und ebenso Ausflüge, Besichtigungen oder Klassenfahrten. Aber wir müssen uns darüber klar sein, dass auch das nicht reicht. Die Erfahrungen, die die Schule vermitteln kann, betreffen nur einen bestimmten Bereich. Ein anderer entscheidender Bereich liegt außerhalb der Schule in der Familie und im Freundeskreis, und Lehrerinnen und Lehrer sollten im Auge behalten, dass die Schule nicht alle Erfahrungen bieten kann, die ein Kind braucht. Vor allem bei der Einrichtung von Ganztagsschulen oder Betreuungseinrichtungen sollte die Überlegung Vorrang haben, dass nicht die schulischen Arbeitsweisen ausgeweitet werden, sondern jene Lebensweisen, die für Familie und Freizeit gelten. Insbesondere muss dem Spielbedürfnis des Kindes Rechnung getragen werden. Das Spielen muss in diesem Alter noch genauso wichtig genommen werden wie das schulische Lernen.

Außerschulische Aktivitäten

5.5 Freiheit und Begrenzung

Wie bei der Beschreibung der Eigenschaften des Arbeitsmaterials schon gesagt wurde, ist das Lernen in der Grundschule an den handelnden Umgang mit Material geknüpft. Je mehr beim Lernen Verstand, Gefühle, Sinne und Bewegung einbezogen werden, umso engagierter kann gelernt werden. Deswegen müssen die Kinder *Bewegungsfreiheit* haben: Sie holen sich selbst die Arbeitsmittel, räumen sie wieder fort, arbeiten an ihrem Platz, auf dem Boden oder im Flur.

Bewegungsfreiheit

Ebenso wichtig ist die *Zeitfreiheit*. Zu einer konzentrierten Arbeit gelangt man erst, wenn man beim Arbeiten die Zeit vergessen kann. Erst wenn jemand sicher ist, dass er eine Aufgabe in der von ihm gewünschten Intensität und Dauer durchführen kann, ist er bereit, sich ganz auf die Sache einzulassen. Damit sich Arbeitszyklen wirklich entfalten können, muss der Zeitrahmen mindestens zwei, besser drei Schulstunden als Blockeinheit umfassen. Die Unterrichtsform Freiarbeit verlangt von den Kindern ein hohes Maß an Ausdauer, Konzentration und Entscheidungsfähigkeit. Deswegen hat die Freiarbeit in

Zeitfreiheit

den ersten Schulstunden ihren Platz. Je besser die Kinder mit sich selbst im Einklang sind, desto besser gelingen die Wahl und die innere Einstellung auf eine Arbeit. Diese innere Ruhe ist besonders zu Beginn des Schulmorgens gegeben.

Zur Zeitfreiheit gehört auch die Beachtung des individuellen Lerntempos. Sowohl was die geistige Aufnahmefähigkeit als auch was die Arbeitsweise betrifft, können Kinder sehr unterschiedlich schnell sein. Die bedächtigen Kinder brauchen Zeit, alle Arbeiten in Ruhe durchzuführen. Wenn sie z. B. die Lesekarten auf dem Tisch auslegen, dann möchten sie jede Karte genau und liebevoll hinlegen können; jeder Versuch, sie zu einem schnelleren Tempo zu veranlassen, würde sie verwirren und ihre Lernfreude zerstören. Andere Kinder gehen ihre Arbeit sehr zügig an; sie würden vor Ungeduld aufbegehren, wenn sie stets auf die Bedächtigen warten müssten. Langsam lernende Kinder möchten den gleichen Aufgabentyp häufig wiederholen, schnell lernende Kinder suchen bald nach neuen, schwierigeren Aufgaben. Sie alle müssen ihrem eigenen Lerntempo folgen dürfen, um optimal lernen zu können.

Die beste Arbeitsmotivation ist das Interesse für eine Sache. Jemand, der ein Ziel verfolgt, weil er dies will und weil es ihn interessiert, entwickelt Energie, Ausdauer und Ideenreichtum, um das Ziel zu erreichen. Dies ist bei Kindern nicht anders als bei Erwachsenen. Montessori fordert daher *Entscheidungsfreiheit bei der Auswahl der Arbeiten* in der Vorbereiteten Umgebung. Denn erst wenn die Kinder ihre Arbeiten auswählen können, kann sich das jeweils vorherrschende Interesse als Motivation auswirken und die entsprechenden Kräfte freisetzen.

Entscheidungsfreiheit

Das klingt überzeugend und einfach. Die Umsetzung der freien Arbeitswahl in der schulischen Praxis verlangt jedoch von den Lehrern eine sichere Unterscheidungsfähigkeit. Denn das Wörtchen »frei« löst im heutigen Sprachgebrauch häufig Vorstellungen von »keine Verpflichtung haben, sich nicht anstrengen müssen, Spaß haben wollen« aus. Mit dieser inneren Haltung ist aber die Entscheidungsfreiheit bei der Arbeitswahl nicht zu verwirklichen.

»Wenn wir von Freiheit in der Erziehung sprechen, so meinen wir Freiheit für die schöpferische Kraft, welche der Lebensdrang zur Entwicklung des Individuums ist« (Montessori 1979: 20),

sagt Montessori und weiter:

»Nur das Kind, das weiß, was es benötigt, um sich zu üben und sein geistiges Leben zu entwickeln, kann wirklich frei auswählen. Man kann von keiner freien Wahl sprechen, wenn jeder äußere Gegenstand gleichermaßen das Kind lockt und wenn dieses aufgrund mangelnder Willenskraft jedem Anruf folgt und rastlos von einem Ding zum anderen übergeht. Das ist eine der wichtigsten Unterscheidungen, zu der die Lehrerin fähig sein muss. Das Kind, das noch nicht einer inneren Führung gehorchen kann, ist noch nicht das freie Kind, das sich auf den langen und schmalen Weg der Vervollkommnung begibt« (Montessori 1972: 244).

Montessori gebraucht in diesen Zitaten Ausdrücke wie »schöpferische Kraft«, »geistiges Leben« und »innere Führung«. Viele Kinder empfinden diese innere Führung als ihre Interessen und ihre Wissbegier. Sie können in einer geordneten Umgebung mit der freien Arbeitswahl sachgerecht umgehen. Sie können aus einem Angebot auswählen, weil sie ihre Interessen spüren, sie sind ausdauernd und empfinden Freude an gelungener Anstrengung. Der Vorbereiteten Umgebung des Klassenraumes stehen sie mit spontaner Neugier gegenüber; ihre Einstellung lautet: Was kann man hier alles tun? Was kann man hier lernen?

Andere Kinder können die »innere Führung« nicht mehr so deutlich wahrnehmen. Ihre Fragestellung ist nicht: Was kann man hier alles tun und lernen?, sondern: Was macht Spaß? Wo finde ich Lust?

Grenzen der Entscheidungsfreiheit

Die Lehrerin muss also unterscheiden können, wann sie den Kindern die Entscheidungsfreiheit überlässt und wann sie diese eingrenzt. Voraussetzung ist, dass sie die Kinder gut beobachtet und gut kennt. Einige Beispiele sollen das erläutern.

Laura ist ein begabtes Kind. Sie interessiert sich für viele Dinge und lässt sich auch gerne durch außerschulische Erfahrungen oder durch Themen des ergänzenden Unterrichts in der Schule zu neuen Arbeiten inspirieren. Sie wählt ihre Arbeiten umsichtig aus und führt sie mit Ausdauer zu Ende. Ob Einzel-, Partner- oder Kleingruppenarbeit – sie kann sich konzentrieren und auf die Situation richtig einstellen. Sie ist zu einer freien Arbeitswahl ohne Einschränkung fähig.

Winfred ist ein Junge, der sich rege an Gesprächen beteiligt und dabei erkennen lässt, dass er folgerichtig und eigenständig denken kann. In der Freiarbeit findet er jedoch selten zu einer ausdauernden Arbeit. Die Lehrerin zeigt ihm immer wieder verschiedene Arbeitsmittel und Aufgaben und findet dabei heraus, dass Winfred zu Beginn die Arbeit gerne mitmacht, sie jedoch still beiseiteräumt, sobald die ersten Schwierigkeiten auftauchen. Dann holt er sich ein Buch, blättert darin und betrachtet – durchaus aufmerksam – die Bilder. Er scheut die Anstrengung. Aufgabenstellungen, die er nicht sofort versteht, bezeichnet er als »langweilig«. Er sagt dann: »Dazu habe ich keine Lust«, und glaubt, damit berechtigt zu sein, die Arbeit zu beenden. Die Lehrerin spricht mit Winfred über ihre Beobachtungen und geht dazu über, ihm die Entscheidungsfreiheit einzuschränken. Er darf z. B. die Arbeit nicht wegräumen, bevor ein bestimmtes Pensum erledigt ist. Oder er muss sich zwischen drei Arbeiten, die ihm die Lehrerin vorschlägt, für eine entscheiden. Ziel der Einschränkung der freien Arbeitswahl ist die Gewöhnung an Anstrengung – verbunden mit der Hoffnung, dass sich über den Erfolg an geleisteter Arbeit auch die Freude daran einstellt.

Freiheit der Kooperation

Die *Freiheit der Kooperation* führt zu selbstgewählter Einzel-, Partner- oder Gruppenarbeit. Je älter die Kinder werden, umso wichtiger wird ihnen die Partner- und Gruppenarbeit. Dabei bestimmt das gemeinsame Arbeitsziel die Auswahl der Partner. Kinder finden schnell heraus, mit wem sie gut arbeiten können und mit wem nicht; sie wählen gewöhnlich Partner, die gleich stark sind, sodass die Kooperation wirklich gelingt und sie weder abhängig noch überlegen werden.

Weil die Kooperation der Kinder mit zunehmendem Alter so wichtig wird, muss die mögliche Integration behinderter Kinder wie auch hochbegabter Kinder sehr genau bedacht werden. Es reicht dem lernbehinderten Kind nicht, dass die anderen nur »nett« zu ihm sind. Es möchte eine Freundin oder einen Freund haben, dem es sich auf geistiger Ebene verbunden fühlt. Auch besonders begabte Kinder brauchen entsprechende Freundinnen oder Freunde. Es kann sehr quälend sein, sich als Außenseiter zu fühlen, weil keiner da ist, mit dem man seine anspruchsvollen Interessen teilen kann, oder weil man erkennen muss, dass man aufgrund einer sehr schnellen oder andersartigen Auffassungsgabe Ablehnung erfährt. Deswegen sollten an einer Schule die entsprechenden Kinder nicht in verschiedenen Klassen, sondern nach Möglichkeit mit ihnen entsprechenden Partnern in einer Klasse sein.

Ältere Kinder wetteifern auch gerne miteinander. Sie gehen den Wettbewerb freiwillig ein und lösen ihn sofort, wenn sie sich unter Druck gesetzt fühlen. Der Wetteifer darf jedoch nicht von den Eltern oder der Lehrerin initiiert werden: Er führt dann fast immer zu Gefühlen der Niederlage bei den einen oder Überheblichkeit bei den anderen Kindern. Der freiwillige Wettbewerb von Kindern, die sich gleich stark fühlen, ist dagegen – besonders bei Jungen – eine beliebte Arbeitsmotivation.

Manchmal ist es richtig, Kindern die Partnerwahl einzuschränken, nämlich dann, wenn die gemeinsame Arbeit nicht zur Konzentration, sondern zur Zerstreuung führt. Manche Kinder kommen erst in der Einzelarbeit zu einer wirklichen inneren Ruhe, haben aber nicht die Kraft, sich selbst für eine Einzelarbeit zu entscheiden. Die Lehrerin, die die Kinder kennt, bestimmt dann, in welcher Arbeitsform gearbeitet wird.

Freiheit und Begrenzung

Freiheit geht immer einher mit *Begrenzung*. Die Grenzen geben Halt und Geborgenheit, so wie die Wände eines Hauses auch Halt und Geborgenheit geben. So wie erst durch Wände Räume entstehen, so können erst durch Grenzen Freiräume entstehen. Je sicherer ein Kind Grenzen akzeptiert und einhält, desto zuverlässiger ist es, und desto mehr Freiheit kann ihm gegeben werden. Je weniger diszipliniert es sich an Grenzen hält, desto mehr braucht ein Kind die Grenzen von außen durch die Erwachsenen. Ziel der Erziehungsbemühungen muss es jedoch bleiben, dem Kind zu helfen, sich selbst zu disziplinieren. Deshalb ist es wichtig, daran zu erinnern, dass zur erfolgreichen Durchführung der Unterrichtsform »Freiarbeit« eine bestimmte äußere und innere Haltung der Lehrpersonen unverzichtbar ist.

5.6 Qualitätskriterien

Um die Arbeit in der eigenen Klasse oder Schule zu evaluieren, können Qualitätskriterien helfen. Hier soll jedoch nicht einer externen Prüfung von Schulen mit anschließender Zertifizierung das Wort geredet werden. Denn die Qualität einer Einrichtung wird nicht durch ein »Zertifikat«, sondern nur durch die täglich neu erbrachte Arbeitsleistung und die Haltung der Erzieher zu den Kindern erreicht. Und sie hängt außerdem auch von Variablen ab, die die Verantwortlichen in der Einrichtung nicht immer entscheidend bestimmen können.

Qualitätskriterien durch Selbstevaluation können jedoch helfen, genau hinzusehen. Sie können erkennbar machen, an welchen Verbesserungen noch gearbeitet werden muss.

Als Beispiel sind hier einige Kriterien genannt, wie sie formuliert werden könnten:

Schule

- Ist die ganze Schule (Räume, Flure, Schulhof) eine gut gestaltete Vorbereitete Umgebung für die Aktivitäten der Kinder?
- Ist der jeweilige Klassenraum gut strukturiert, übersichtlich und in einem gepflegten Zustand?

Materialien

- Sind die Materialien in offenen Regalen nach Sachbereichen geordnet?
- Ist die Ordnung für die Kinder erkennbar? Wird sie eingehalten?
- Sind die Materialien vollständig und in einem guten Zustand?
- Ist das Material für jedes in der Lerngruppe vertretene Entwicklungsalter in allen Lernbereichen vorhanden?
- Gibt es Regeln für das Zusammenleben und -arbeiten in der Gemeinschaft?
- Werden sie eingehalten?
- Gehen die Kinder achtsam mit dem Material um?
- Verhalten sich die Kinder freundlich zu den anderen Kindern und zu den Erwachsenen?

Personen

- Können die Lehrer unterscheiden, wann sie Zurückhaltung üben müssen und wann sie Einfluss nehmen sollten?
- Können die Lehrer beobachten? Können sie zwischen Beobachtung und Interpretation der Beobachtung trennen? Können sie die Beobachtung interpretieren?
- Sind die Lehrer in der Lage, eine ruhig-entspannte Arbeitsatmosphäre herzustellen?
- Sind an der Gestaltung der Schule auch die pädagogischen Fachkräfte in der Betreuung beteiligt?
- Kennen sie die Prinzipien der Montessori-Pädagogik und richten ihre Arbeit danach aus?
- Werden die Eltern vertrauensvoll in die Arbeit einbezogen?

Man macht bei der Anwendung der Evaluationskriterien eine überraschende Erfahrung: Die Qualität hängt nicht von der Erfüllung aller Kriterien ab, sondern von der Fähigkeit der Lehrer und pädagogischen Mitarbeiter, die Kinder so anzunehmen, wie sie sind, und ihnen freundlich und interessiert zu begegnen. Diese Fähigkeit ist das Fundament für die gesamte pädagogische Arbeit. Diese Fähigkeit fällt jedoch nicht jedem zu. Man muss sie sich erarbeiten.

5.7 Schaubild zum Bedingungsgefüge der Freiarbeit

Für Informationsveranstaltungen für Eltern oder sonstige an der Montessori-Schule Interessierte kann das Schaubild helfen, die Bedingungen für das Zustandekommen von Konzentrationsprozessen aufzuzeigen.

Das Bild des Sterns in der Mitte soll ein Symbol für die Persönlichkeit des Kindes sein. Die Unregelmäßigkeiten des Sterns erinnern daran, dass Individualität verschieden, nie perfekt und manchmal kantig und eckig ist. Der Kreis stellt bildlich die innere Mitte dar. Konzentration betrifft immer die Mitte – das Selbst – des Menschen. Die Felder im Umkreis des Sterns zeigen die Voraussetzungen auf, die Konzentrationsprozesse ermöglichen.

Als Power-Point-Präsentation kann man das Schaubild farbig gestalten und mit Bildern aus der schulischen Arbeit ergänzen. So verbindet es anschaulich Theorie und Praxis.

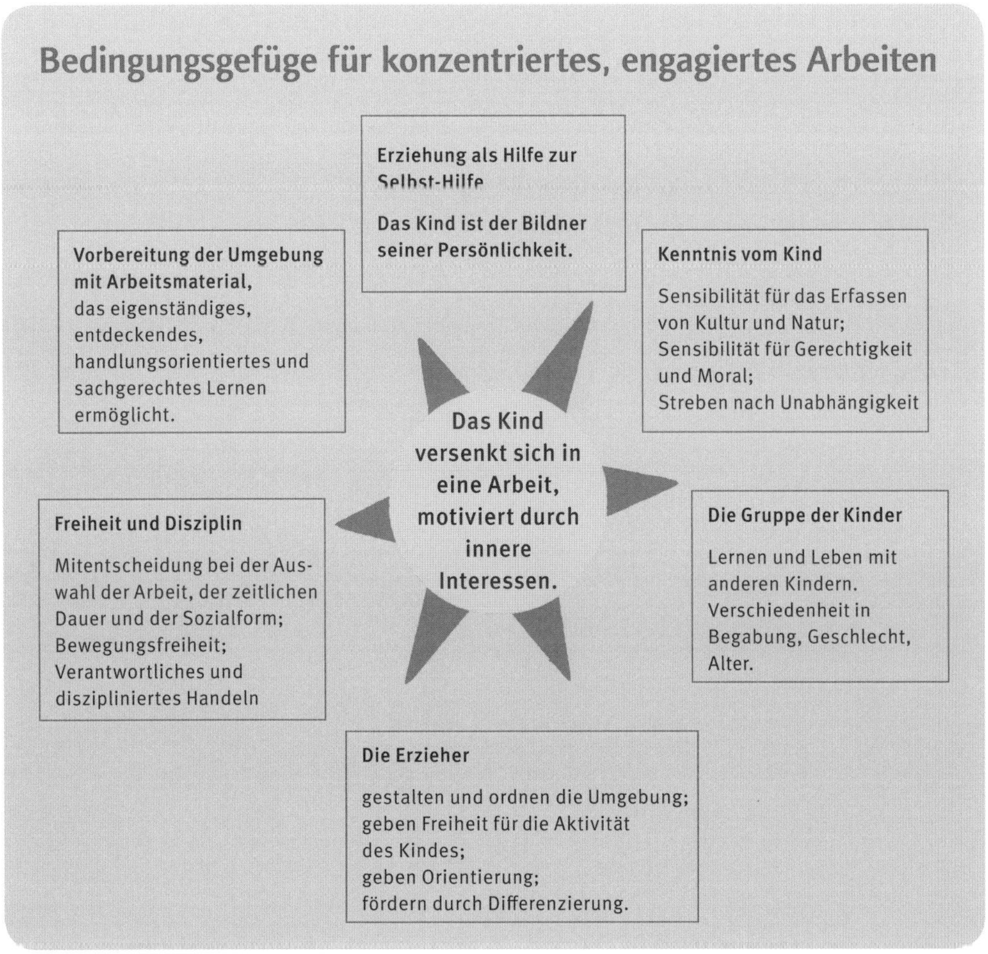

6.

»Die Beziehung unter den Dingen herstellen bedeutet Erkenntnisse vermitteln«

Die Fachgebiete

In Kapitel 6 werden die Fachgebiete der Grundschule im Einzelnen kurz vorgestellt. Das Unterrichtsprinzip lautet: Zusammenhänge sehen und verstehen, verantwortlich handeln lernen. Auch die »Kosmische Erziehung« wird erläutert, und Beispiele für spannende Erzählungen werden vorgestellt.

6.1 Das Unterrichtsprinzip: Zusammenhänge sehen und verstehen, verantwortlich handeln lernen – »Kosmische Erziehung«

Grundschulkinder sind voller Wissbegier. Mit Lerneifer und Neugier wollen sie die Welt, in der sie leben, begreifen. Jetzt ist die Zeit, ihnen die Türen zu allen Wissensgebieten zu öffnen.

»Wissen kann am besten vermittelt werden, wo Lernbegierde ist. Deshalb ist dies die Periode, in der die Saat von allem gesät werden kann und der Geist des Kindes wie ein fruchtbares Feld bereitliegt zu empfangen, was zur Bildung keimen will« (Montessori 1988: 37).

Erschließen von Zusammenhängen

Um sich jedoch angesichts der Wissensmenge nicht in Einzelheiten zu verlieren, muss sie durch geeignete didaktische Mittel so strukturiert werden, dass die Beziehungen der einzelnen Themen oder Fächer zueinander erkannt werden können.

»Dies ist ein wesentlicher Erziehungsgrundsatz: Einzelheiten lehren bedeutet Verwirrung stiften. Die Beziehung unter den Dingen herstellen bedeutet Erkenntnisse vermitteln« (Montessori 1966: 90).

Der Unterricht soll zu einer bewussten Sicht des Zusammenwirkens aller Dinge und Lebewesen in unserem Kosmos führen. Grundlage für die Übernahme von Verantwortung ist das Staunen über die Großartigkeit der Welt, in der wir leben.

Welt als Kosmos

Das Geordnet-Sein des Individuums korrespondiert mit den Ordnungen und Strukturen im gesamten Kosmos. Wir sind eingebunden in dieses Netzwerk, zugleich aber können wir darin liebend-schöpferisch oder zerstörerisch mitwirken. Insofern hat der Mensch im Vergleich zu anderen Lebewesen eine Sonderstellung und eine besondere Verantwortung, die durch die Erziehung unterstützt werden muss. Montessori spricht in diesem Zusammenhang von »Kosmischer Erziehung« (vgl. Montessori 1988). Sie versteht unter »Kosmos« ein geordnetes Universum, von Gott geschaffen und den Menschen zur Mitarbeit und Vollendung überantwortet. Kosmos bedeutet: Welt-Ordnung. Sie steht im Gegensatz zum Chaos, der Unordnung. In diesem Kosmos hat jedes Ding, jede Pflanze, jedes Tier seine Aufgabe, und »vom Werk eines jeden hängt die Lebensmöglichkeit des Ganzen ab« (Montessori 1988: 21). Das Zusammenwirken vieler kann besonders intensiv in der Umwelt und in der Natur um uns herum beobachten werden.

»Keine Beschreibung, kein Bild, kein Buch kann das wirkliche Sehen der Bäume mit dem ganzen Leben, das sich um sie herum in einem Wald abspielt, ersetzen. Die Bäume strömen etwas aus, was zur Seele spricht, etwas, was kein Buch und kein Museum vermitteln könnten. Der Wald, den man sieht, offenbart, dass es darin nicht nur Bäume gibt, sondern eine Gesamtheit von Lebewesen. Und diese Erde, dieses Klima, diese kosmische Macht sind für alle diese Lebewesen notwendig, damit sie sich entwickeln können. Die Myriaden von Lebewesen rings um diese Bäume und diese Majestät und Mannigfaltigkeit sind Dinge, die man aufsuchen muss und die niemand mit in die Schule bringen kann« (Montessori 1988: 120).

Dankbarkeit und Verantwortung als Lernziele

Auch die Geschichte der Menschheit soll in positiver Weise gesehen werden. Denn wir alle profitieren von den Anstrengungen, Entdeckungen und Erfindungen der Menschen vergangener und gegenwärtiger Epochen, und wir alle sind Teil eines großartigen Universums. Dankbarkeit und Anerkennung führen zur Wertschätzung der Menschheit und der Welt und wirken friedensstiftend. So wird die Grundlage für Liebe und verantwortliches Handeln gelegt. Der Unterricht in der Schule muss so gestaltet werden, dass den Kindern diese Sichtweise ermöglicht wird, sodass sie staunen und sich begeistern können.

»Daher ist es unser Ziel, das Kind nicht nur zum bloßen Verstehen zu führen (...) sondern seine Fantasie anzustoßen, sodass es sich zutiefst begeistert« (Montessori 1988: 47).

Dazu sind einerseits Arbeitsmittel nötig, die die Struktur einer Sache erfahrbar machen und eigenständiges Entdecken ermöglichen, und andererseits sind es die Lehrerinnen und Lehrer, die durch ihre Haltung diese Sichtweise deutlich machen.

Durch spannende Erzählungen können Zusammenhänge lebendig und begeisternd dargestellt werden. Sie können jedes Wissensgebiet erschließen.

Erzählung: Entstehung der Erde und des Lebens

In diesem Kapitel werden beispielhaft verschiedene Erzählungen vorgestellt. Eine Erzählung zur Entstehung des Lebens auf der Erde könnte so lauten:

Vor vielen Milliarden Jahren hat sich die Erde aus einer glühenden, rotierenden Gaswolke zu einem Planeten entwickelt, der sich langsam, ganz langsam abkühlte. Die äußere Hülle der Erde wurde hart, und es bildeten sich große Erdmassen aus Stein. Unablässig prasselte Regen auf die Erde, und es entstanden riesige Weltmeere.

Vor etwa 600 Millionen Jahren geschah dann etwas Wunderbares: In den Meeren entwickelten sich die ersten winzig kleinen, einzelligen Lebewesen. Diese veränderten sich und wuchsen zu mehrzelligen Lebewesen heran. Es entstanden die ersten Wasserpflanzen und kleinste Tierchen. Stell dir vor, du hättest damals auf die Erde gucken können: Nirgendwo ein Baum, eine Blume oder gar ein Tier. Nun wärest du ins Meer getaucht. Was hättest du da gesehen? Kleine Würmer, die sich durch den Schlick schlängeln, Tiere, die wie Muscheln aussehen, Quallen, denen du lieber ausweichst, und dann merkwürdige platte, eiförmige Tierchen mit harten Schalen. Das sind die Trilobiten, die Gliederfüßer, die im Wasser nach Nahrung suchen. Weil sie so harte Schalen hatten, wurden 500 Millionen Jahre später viele versteinerte Überreste in Steinschichten gefunden, ebenso wie die harten Schalen der Brachiopoden, der Armfüßer, die wie Muscheln aus-

sehen. Auch Pflanzen könntest du sehen: Seeanemonen oder Schwämme. Die Zeit, in der sich diese ersten Lebewesen entwickelt haben, nennt man Präkambrium und Kambrium.

Wenn du nun 100 Millionen Jahre gewartet hättest, dann würdest du beobachten können, wie sich neue Pflanzen und Tiere entwickeln. Jetzt siehst du Tiere in Röhrchen mit Löchern, aus denen kleine Lebewesen ihre Ärmchen herausstrecken, um Nahrung zu suchen; die bilden sozusagen eine Wohngemeinschaft. Das sind die Graptolithen. Außerdem kannst du Tiere beobachten, deren Rumpf in einer Schale – wie in einem Schneckenhaus – steckt und deren Kopf und Tentakel oben aus der Schale herausschauen. Das sind die Ammoniten, die Kopffüßer. Beide Tiergruppen haben Schalen, die versteinerten und deren Überreste 450 Millionen Jahre später gefunden wurden.

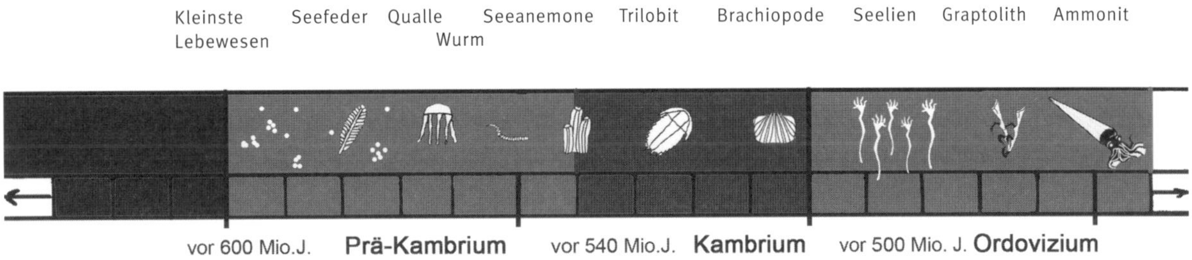

Auf die Zeit der Graptolithen und Ammoniten – diese Zeit nennt man Ordovizium – folgen die vielen Millionen Jahre, die wir Silur nennen. Nun schwimmen im Meer Fische und riesengroße Seeskorpione von 2 m Länge!

Und nun wird endlich auch das Land erobert: Die ersten Pflanzen recken sich aus dem Wasser heraus und beginnen, auf dem Land zu leben.

Wärest du dann vor 400 Millionen Jahren, im Zeitalter des Devons, auf die Erde gekommen, hättest du entdeckt, wie viele unterschiedliche Fische es jetzt im Meer gibt. Bei den Panzerfischen waren Kopf und Rumpf mit Knochenplatten geschützt, und einige Arten wurden bis zu 10 m lang. Manche Stachelhaie waren nur ungefähr 8 cm lang – andere erreichten eine Länge von bis zu 2,50 m. Und bei den Quastenflossern könntest du beobachten, wie sie versuchen, an Land zu gehen.

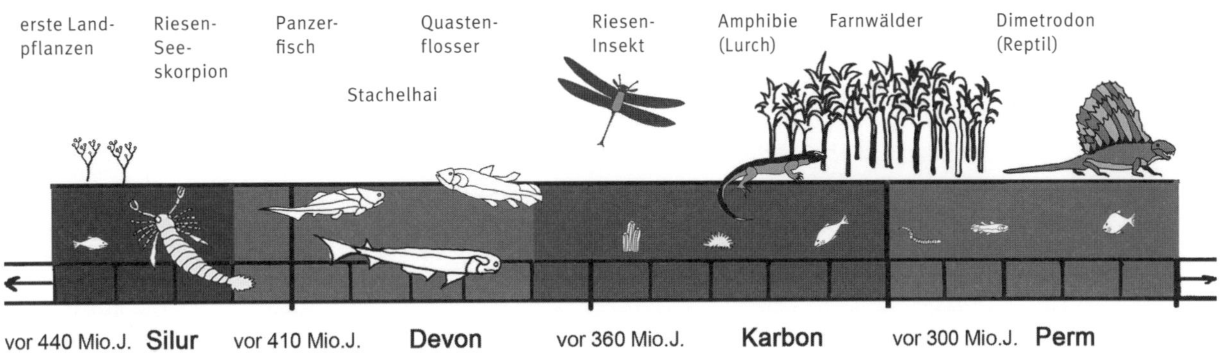

Die Moose und Pilze breiteten sich auf dem Lande aus, und die Urahnen der Farne erreichten die Höhe von Bäumen.

Auf das Devon folgte die lange Zeit des Karbons, die 60 Millionen Jahren dauerte. Jetzt könntest du wieder neue Tiere entdecken, nämlich die Lurche, die man auch »Amphibien« nennt. Amphibien sind Wirbeltiere, die sich im Wasser entwickeln und dann an Land leben, aber ihre Eier – man nennt sie »Laich« – wieder im Wasser ablegen. Wie du es von den Fröschen her kennst, schlüpfen aus den Eiern nicht gleich die fertigen Jungen, sondern erst einmal Larven. Bei den Fröschen heißen sie Kaulquappen. Das Wort Amphibien kommt aus dem Griechischen und bedeutet ungefähr »auf beiden Seiten lebend«.

Die Insekten, die sich schon im Devon entwickelt hatten, begannen riesengroß zu werden. Du würdest staunen über riesengroße Libellen!

Besonders charakteristisch für das Karbon ist die Ausbreitung riesiger Wälder. Das waren aber nicht die Wälder, wie wir sie heute kennen. Es gab baumartige Farne, die bis zu 40 m hoch werden konnten! Diese riesigen Wälder wurden in den 60 Millionen Jahren des Karbon immer wieder von Wasser überflutet und dann wieder von Land bedeckt. Darauf wuchsen wieder neue Wälder, die dann wieder von Wasser überflutet wurden. Das alles geschah langsam, aber viele, viele Male in dieser unvorstellbar langen Zeit. Schließlich waren die von Meeresschlick und Sand bedeckten, abgestorbenen Wälder sozusagen versteinert, aber nicht zu Gesteinsschichten, sondern zu Kohleschichten. Hier entstand die Kohle, die wir heute abbauen und zur Energiegewinnung nutzen.

Auf das Zeitalter des Karbons folgte das Perm, das etwa 50 Millionen Jahre dauerte und durch ein trockenes Klima gekennzeichnet war. In dieser Zeit entwickelten sich die ersten Reptilien, wie z. B. das Dimetrodon mit seinem großen Rückensegel, mit dem es sich im heißen Klima gegen die Sonne schützen konnte. Die Reptilien, auch Kriechtiere genannt, ähneln den Amphibien, aber sie legen ihre Eier nicht mehr im Wasser ab, sondern an Land, z. B. in Sandmulden. Wenn die Eier durch die Sonnenwärme ausgebrütet sind, schlüpfen die Jungtiere, die ihren Eltern bereits ähnlich sehen.

Mit dem Perm endet die lange Zeit des Erdaltertums, das mit dem Kambrium begonnen hatte.

Ein anderes Wort für Erdaltertum heißt Paläozoikum. Es kommt von dem griechischen Wort »palaiós«, welches »aus früheren Zeiten« bedeutet.

Auf das Erdaltertum folgte das Erdmittelalter, das man auch Mesozoikum nennt. In »Mesozoikum« steckt das griechische Wort »mésos«, welches »mittlerer, mitten« bedeutet. Das Mesozoikum ist die spannende Zeit, in der sich die Dinosaurier entwickelten und schließlich – am Ende – ausstarben. Wärest du jetzt auf der Erde, könntest du beobachten, wie sich die Reptilien entwickeln. Zu Beginn des Erdmittelalters, in der Trias, sind die Saurier noch nicht so gewaltig wie in den späteren Zeitabschnitten Jura und Kreide. Du könnest jetzt sehen, wie die Coelophysis genannten Tiere, die immerhin bis 2,50 m lang werden konnten, durch die Gegend streifen, um Nahrung zu suchen. Sie gehören zu den Sauriern, die auf zwei Beinen laufen und Fleisch fressen. Diese Saurier waren auf der ganzen Welt verbreitet. Du musst nämlich wissen, dass damals die Kontinente eine andere Anordnung hatten als heute. Die Erdplatten, die auf dem heißen Magma des

Erdinneren schwimmen, driften im Laufe von Millionen Jahren ganz langsam zueinander hin oder voneinander weg. Das machen sie bis auf den heutigen Tag! In der Trias lagen die Erdplatten so dicht beieinander, dass Tiere und Pflanzen sich auf der ganzen Welt ausbreiten konnten. Diesen gewaltigen Gesamt-Erdteil nennt man Pangäa.

Ich habe hier ein Bild für euch, das zeigt, wie die Erdteile im Erdaltertum, im Erdmittelalter und in der frühen Erdneuzeit ausgesehen haben:

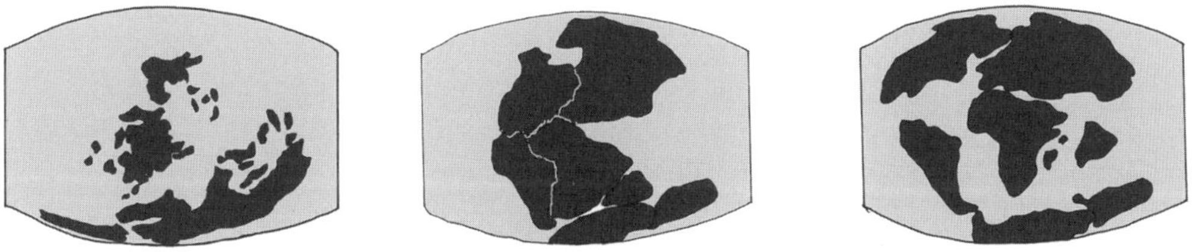

Nun erzähle ich euch von den Sauriern, die sich in den weiteren Zeitabschnitten Jura und Kreide entwickelt haben.

Im Meer schwammen die Plesiosaurier (Flossenechsen) und die Ichthyosaurier (Fischechsen), das sind fischähnliche Reptilien. Sie hatten einen Fischschwanz und flossenartige Füße. So waren sie ganz an das Leben im Wasser angepasst. Sie machten Jagd auf die Fische und die anderen Lebewesen im Wasser wie Schnecken, Würmer und Ammoniten.

In der Luft flogen die Pterosaurier mit ihren großen Schwingen. Zwischen ihren vorderen Gliedmaßen spannten sich Gleitsegel aus Flughaut. Im Gegensatz dazu hatte der erste Urahn der späteren Vögel, der Archaeopteryx, richtige Flügel mit Federn. Er war ungefähr so groß wie eine Taube.

Wärest du nun auf der Erde, könntest du riesige Land-Saurier sehen. Der Stegosaurus wurde fast 9 m lang und 4 m hoch. Auf dem Hals, dem Rücken und dem Schwanz saßen in zwei Reihen unterschiedlich große Knochenplatten. Er ernährte sich von Pflanzen.

Der Triceratops mit dem gepanzerten Halskragen erreichte eine Länge von fast 9 m. Er suchte ebenfalls nach Pflanzen, wenn er Hunger hatte. Er gehörte zu den letzten Dinosauriern der Kreidezeit.

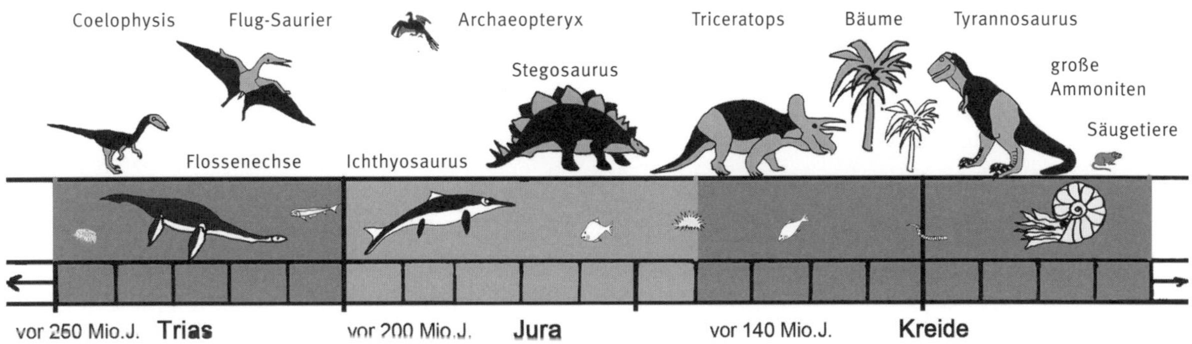

Auch das größte fleischfressende Landtier, das je auf Erden gelebt hat, der Tyrannosaurus Rex, war einer der letzten Saurier. Er erreichte eine Länge von gut 12 m und war vom Boden bis zu den Hüften 4 m hoch. Stell dir vor, du würdest neben ihm stehen. Du kämst dir so klein vor wie eine Ameise und hättest bestimmt furchtbare Angst.

Aber es gab nicht nur Saurier. Im Erdmittelalter entwickelten sich auch die Säugetiere. Säugetiere legen keine Eier wie Vögel oder Saurier. Sie gebären lebende Junge. Zu den ersten Säugetieren gehörten die Mäuse oder Ratten, also im Vergleich zu den Sauriern ganz kleine Tiere. Und auf dem Land wuchsen die Ur-Ur-Urahnen der heutigen Bäume und Blumen.

Am Ende der Kreidezeit starben sehr viele Tiere aus. Es war das Ende der Dinosaurier. Warum das so war, weiß man nicht genau. Man vermutet, dass große Meteoriten, riesige Gesteinsbrocken aus dem Weltall, auf die Erde aufgeschlagen sind. Durch dieses Ereignis veränderten sich sehr plötzlich die gesamten Umweltbedingungen für die Lebewesen. Überlebt haben das die eher kleinen Tierarten, wie die Säugetiere. Die konnten sich in dem nun folgenden Zeitabschnitt der Erdneuzeit vielfältig und zahlreich entwickeln.

Endlich kommen wir in die Nähe unserer Menschen-Zeit, nämlich zur Erdneuzeit, dem Känozoikum. Das Wort kommt aus dem Altgriechischen und bedeutet so viel wie »Zeit der neuen Lebewesen«. Im ersten Zeitabschnitt, dem Paläogen, lebten die Urahnen der heutigen Tiere. Vor allem die Säugetiere entwickelten sich in zahlreichen Arten. Weil die Zeit des Paläogens im Vergleich zu den vorhergehenden Zeiten so kurz ist, passen auf das Bild nur wenige Tiere. Man sieht einen Urgroßvater der Elefanten, das Amebelodon, eine Säbelzahnkatze und ein Mammut.

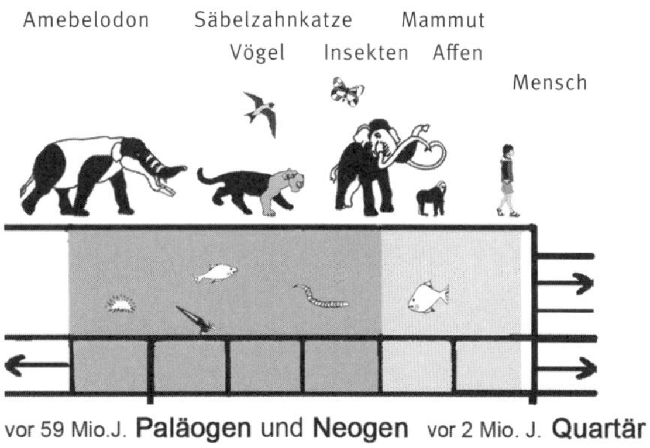

Menschen gab es im Paläogen immer noch nicht. Die haben sich erst im allerletzten Zeitabschnitt, dem Quartär, vor etwa 2 Millionen Jahren entwickelt. Ihre Vorfahren waren Menschenaffen. Aber die Menschen unterschieden sich von den Affen. Sie lernten, auf zwei Beinen aufrecht zu gehen, zu sprechen und mit ihren Händen Dinge herzustellen. Sie lernten auch, über alles nachzudenken.

Die Zeit, seitdem es Menschen auf der Erde gibt, ist winzig kurz im Vergleich zur gesamten Zeitgeschichte der Lebewesen. Aber es sind die Menschen, die die großartige Entwicklung des Lebens auf unserer Erde entdeckt und erforscht haben und immer noch neu entdecken und erforschen.

Die Erzählungen können sich an die ganze Klasse richten oder an kleinere Gruppen innerhalb der Klasse. Sie regen zu vielen Fragen und zu weiteren, eigenständigen Arbeiten mit unterschiedlichen fachlichen Schwerpunkten an, zu denen die Kinder auch entsprechende Arbeitsmittel, wie ein Zeitband oder Sachbücher, in der Klasse vorfinden.

6.2 Der ergänzende Unterricht

Zu den Unterrichtsformen der Montessori-Schule gehört neben der fächerübergreifenden Freiarbeit auch der ergänzende Unterricht, der fachlich oder thematisch gebunden ist. Er kann eine Gruppe der Klasse betreffen, die ganze Klasse oder Gruppen aus Parallelklassen.

Zu den Lerninhalten der Grundschule gehören Deutsch (mündlicher und schriftlicher Sprachgebrauch, Lesen, Rechtschreiben, Grammatik), Mathematik (Arithmetik und Geometrie), Sachunterricht, Englisch, Kunst, Musik, Sport und evangelische bzw. katholische Religion.

Grundsätzliches

Der ergänzende Unterricht beginnt gewöhnlich nach der Freiarbeitsphase und nach der Spielpause auf dem Schulhof. Die Themen richten sich wie bei der Freiarbeit nach dem jeweiligen Lehrplan und den Zielen der Montessori-Pädagogik (vgl. die Ausführungen zur Freiarbeit und zur Kosmischen Erziehung). Das Unterrichten setzt voraus, dass die Lehrer mit den aktuellen Erkenntnissen der Fachdidaktik vertraut sind, und es ist durchaus richtig, die Montessori-Materialien und ihre Einsatzgewohnheiten immer wieder an den neuen Erkenntnissen der jeweiligen Fachdidaktik zu überprüfen.

Freiarbeit und ergänzender Unterricht stehen in einem Verhältnis von etwa zwei Drittel zu einem Drittel. Die Gesamtstundenzahl wird durch die Bestimmungen des jeweiligen Bundeslandes bestimmt.

Unterrichtsbeginn

Der Unterrichtsbeginn wird an den einzelnen Schulen unterschiedlich gestaltet. An einigen Schulen versammeln sich die ankommenden Kinder auf dem Schulhof, wo eine Lehrerin Aufsicht führt, bis das Gongzeichen für den Unterrichtsbeginn ertönt und die Kinder in ihre Klassen gehen. Andere Schulen haben einen eher offenen Beginn; obwohl der Unterricht offiziell zu einer festen Zeit beginnt, ist die Lehrerin bereits zehn Minuten vorher in ihrem Klassenraum, und auch die Kinder dürfen schon hereinkommen. Nachzügler kommen fünf oder zehn Minuten später, sodass der Beginn der Freiarbeit entzerrt ist. Die Kinder, die in die Klasse gekommen sind, beginnen mit ihrer Freiarbeit.

Manchmal steht am Anfang des Schulmorgens ein Gesprächskreis. Die Kinder setzen sich in einem großen Kreis auf den Boden bzw. auf den Teppich, der später auch für Arbeiten in der Freiarbeit gebraucht wird, die mehr Raum erfordern. In diesem Gesprächskreis werden z. B. Wochenenderlebnisse erzählt, Feste im Jahreskreis besprochen, fachspezifische Probleme diskutiert, Texte vorgetragen und anderes mehr.

Fächerübergreifende Themen

Der ergänzende Unterricht ist themengebunden, teils fachspezifisch, teils fächerübergreifend. Ein Beispiel für fächerübergreifende Themen wäre z. B. das Thema »Wir sind eine Gemeinschaft«, das sich für den Schulbeginn nach den großen Ferien empfiehlt. Durch den Weggang der Viertklässler und die Aufnahme der Erstklässler hat sich die Klassengemeinschaft verändert. Das sollte thematisiert werden. In der Freiarbeit wird vielleicht ein Patensystem eingeübt, bei dem jeweils ein »Pate«, d. h. ein Viertklässler, einem Erstklässler zur Seite gestellt wird. Er kann ihm helfen, sich in dem neuen Gebäude mit vielen Kindern und neuen Regeln zurechtzufinden. Die Funktion eines Klassenrates muss erläutert und die Spielregeln dafür müssen eingeübt werden. Auch im ergänzenden Unterricht kann das Thema »Wir sind eine Gemeinschaft« fachspezifisch und auf unterschiedlichen Lernniveaus erarbeitet werden.

Im Folgenden soll ein fiktiver Stundenplan für eine jahrgangsgemischte Klasse 1–4 dargestellt werden.

<table>
<tr><th></th><th colspan="4">Montag</th><th colspan="4">Dienstag</th><th colspan="4">Mittwoch</th><th colspan="4">Donnerstag</th><th colspan="4">Freitag</th></tr>
<tr><th></th><th>1.</th><th>2.</th><th>3.</th><th>4.</th><th>1.</th><th>2.</th><th>3.</th><th>4.</th><th>1.</th><th>2.</th><th>3.</th><th>4.</th><th>1.</th><th>2.</th><th>3.</th><th>4.</th><th>1.</th><th>2.</th><th>3.</th><th>4.</th></tr>
<tr><td>08:15</td><td colspan="4" rowspan="3">Gesprächskreis
Freiarbeit
Klassenlehrerin</td><td colspan="4" rowspan="3">Freiarbeit
Klassenlehrerin</td><td colspan="2" rowspan="2">Sport
*
Herr X</td><td colspan="2" rowspan="2">Freiarbeit
*
Klassen-lehrerin</td><td colspan="4" rowspan="3">Freiarbeit
Klassenlehrerin</td><td colspan="4" rowspan="2">Gesprächskreis
Freiarbeit
Klassenlehrerin</td></tr>
<tr><td>09:00</td></tr>
<tr><td>10:30</td><td colspan="4">Freiarbeit
Klassenlehrerin</td><td colspan="2">Engl
* Frau Z</td><td colspan="2">Musik
*
KlL</td></tr>
<tr><td>10:30–11:00</td><td colspan="4">Pause</td><td colspan="4">Pause</td><td colspan="4">Pause</td><td colspan="4">Pause</td><td colspan="4">Pause</td></tr>
<tr><td>11:00–11.45</td><td colspan="4">ergUnt
Klassenlehrerin</td><td colspan="4" rowspan="2">ergUnt
Klassenlehrerin</td><td colspan="4">ergUnt
Klassenlehrerin</td><td colspan="4">Sport
Klassenlehrerin</td><td colspan="2">Musik
*
KlassenL</td><td colspan="2">Engl
*
Frau Z</td></tr>
<tr><td>11.45–12:45</td><td colspan="2">Engl
*
Frau Z</td><td colspan="2">eR / kR
*
KlL/FrauY</td><td colspan="2">Engl
*
Frau Z</td><td colspan="2">eR / kR
*
KlL/Frau Y</td><td colspan="4">ergUnt
Klassenlehrerin</td><td colspan="2">eR / kR
*
KlL/Frau Y</td><td colspan="2">Schw
*
Frau Q</td></tr>
<tr><td>12:45–14:00</td><td colspan="4">Pause
Essen</td><td colspan="4">Pause
Essen</td><td colspan="4">Pause
Essen</td><td colspan="4">Pause
Essen</td><td colspan="2">Pause
Essen</td><td colspan="2">Schw
*
Frau Q</td></tr>
<tr><td>14:00–14:45</td><td colspan="4">FÖ
Klassenlehrerin</td><td colspan="4">Betreuung</td><td colspan="2">Betrg</td><td colspan="2">FÖ
Frau Z</td><td colspan="2">Betrg</td><td colspan="2">FÖ
KlL</td><td colspan="2">Betrg</td><td colspan="2">Pause
Essen</td></tr>
<tr><td>14:45–16:00</td><td colspan="4">Betreuung</td><td colspan="4">Betreuung</td><td colspan="4">Betreuung</td><td colspan="4">Betreuung</td><td colspan="4">Betreuung</td></tr>
</table>

Zeichenerklärung:

Klassenlehrerin oder KlL = Unterricht bei der Klassenlehrerin
X, Y, Z, Q = Unterricht bei anderen Lehrern
* Der Unterricht findet mit der Gruppen 1 / 2 oder 3 / 4 der Parallelklassen statt.
Freiarbeit, fächerübergreifend: Deutsch, Mathematik, Sachunterricht, teilweise auch Lerninhalte aus den Bereichen Englisch, Kunst, Musik, Religion

Engl = Englisch,
ergUnt = ergänzender Unterricht, Unterricht zu bestimmten fachbezogenen Themen, auch als Epochenunterricht
eR / kR = evangelische bzw. katholische Religion,
Schw = Schwimmen,
Betrg = Betreuung,
FÖ = Förderung / Lernzeit / Hausaufgabenbetreuung

Ein einzelner Stundenplan ist stets ein Puzzleteil im Gesamtstundenplan der Schule, der möglichst nach folgenden Prinzipien gestaltet werden soll:

Innere und äußere Ruhe sind dem Lernen förderlich. Deswegen sind die Unterrichtszeiten so bemessen, dass Arbeitszyklen »zeitvergessen« ablaufen und sich Konzentrationsprozesse entwickeln können. Um diesen Gesichtspunkten zur Geltung zu verhelfen und Unruhe durch häufigen Lehrerwechsel zu vermeiden, hat das Klassenlehrerprinzip den Vorrang vor dem Fachlehrerprinzip. Das bedeutet, dass sich die Klassenlehrer in jene Fächer einarbeiten, die sie nicht speziell studiert haben. Dies gelingt durch Selbststudium, Fortbildung und Zusammenarbeit mit dem Kollegium.

Arbeitsrhythmen

Die Unterrichtseinheiten werden nicht durch ein Klingel- oder Gongzeichen unterbrochen. Frühstückspausen dürfen während der dreistündigen Freiarbeit nach Bedarf gemacht werden; dabei werden bestimmte Regeln eingehalten.

Die Lehrer arbeiten in Teams zusammen, sodass im Vertretungsfall die Kinder der Parallelklasse(n) gut bekannt sind und mit betreut werden können.

6.3 Die Lerninhalte

Deutsch

Schreiben und lesen lernen / Umgang mit Texten

Schreiben und Lesen sind Fähigkeiten, die durch verschiedene Übungen vorbereitet werden müssen. Das Schreibenkönnen setzt eine sichere Koordinationsfähigkeit von Auge und Hand voraus, ferner die richtige Wahrnehmung von Formen sowie die akustische Analyse von Lauten und ihrer Zuordnung zu Buchstaben. Lesen setzt die Fähigkeit voraus, Buchstaben in die richtigen Laute umzusetzen, zu erkennen, welches Wort daraus entsteht, und den Sinn nicht nur eines Wortes, sondern eines Textes zu erfassen.

Basisfähigkeiten für das Schreiben und Lesen

Montessori erkannte, dass das Interesse für das Schreiben und Lesen bereits im Kindergartenalter beginnt, und sie entwickelte dafür verschiedene Arbeitsmittel, die die Auge-Hand-Koordination beim Schreiben schulen, die akustische Analyse eines Wortes erleichtern und es ermöglichen, die Buchstaben sowie die ihnen entsprechende Schreibbewegung kennenzulernen.

Zusätzlich zu dem für das Montessori-Kinderhaus angebotenen Arbeitsmaterial (metallene Einsätze, Bewegliches Alphabet, Sandpapierbuchstaben) werden in der Schule auch andere vorbereitende Schreibübungen angeboten. Die Sandpapierbuchstaben werden noch eingesetzt, sind aber nicht mehr für alle Kinder gleich anziehend. Viele Kinder möchten die Buchstaben schon mit dem Bleistift schreiben. Statt des Beweglichen Alphabets kann man auch mit einer »Anlauttabelle« arbeiten. Auf dieser Tabelle sind alle Buchstaben aufgeführt und einem entsprechenden Bild zugeordnet.

Materialien zum Schreibenlernen

Die Lehrerin hat Bilder mit lautgetreuen Wörtern vorbereitet; das Kind spricht sich das Wort halblaut vor, lauscht auf die Laute und sucht den entsprechenden Buchstaben dazu. So »schreibt« es erste, lautgetreue Wörter wie »Sofa«, »Oma«, »Lok«. Das Kind wird auch versuchen, andere Wörter, die ihm selbst einfallen, zu schreiben, und dabei auf Wörter stoßen, die schwer zu analysieren sind wie: fata (Vater) oder aisber (Eisbär). Auf das richtige Schreiben kommt es jedoch zu diesem Zeitpunkt noch nicht an, nur auf das Hör-Training, die akustische Analyse. Das Kind kann in dieser Phase noch nicht lesen, was es geschrieben hat, denn das Schreiben geht dem Lesen voraus. Interessant ist, dass Kinder häufig die Mitlaute schreiben, die Vokale aber nicht. Das Wort Tube wird dann so geschrieben: tb.

Die Übungen werden als Einzellektion in der Freiarbeit angeboten, aber auch als Gruppenlektion. Durch viele Übungen gewinnen die Kinder Sicherheit in der Zuordnung von Laut und Buchstabe und im selbstständigen Aufschreiben von Wörtern. Da sie immer wieder überprüfen müssen, welche Laute sie schon in Buchstaben »übersetzt« haben, kommen sie von sich aus dazu, ihre Wörter auch zu lesen, und gewinnen auch darin eine immer größere Leichtigkeit.

Leseübungen

Beginnt ein Kind zu lesen, so findet es in der Klasse viele Leseübungen. Es gibt Wortkärtchen mit lautgetreuen Namen, die den entsprechenden Dingen zugeordnet werden können; Namenkärtchen, die den Gegenständen im Klassenraum angehängt werden; Begriffe, die zu einer Muschel- oder Steinsammlung gehören; Tiernamen, die Bildern oder Tierfiguren zugeordnet werden; topografische Übungen an Erdkundekarten; Aufträge wie: »Schalte das Licht an« oder »Schau nach, wer im Flur arbeitet«, die auch wirklich ausgeführt werden dürfen; kleine Bücher mit einfachen Texten im Großdruck usw.; Übungen mit den »Phonogramm-Kästen«, um das Lesen von Buchstabenverbindungen (sch, st, ck) zu erleichtern. Die Ideen Montessoris und der Montessori-Schulen sind reichhaltig und werden durch Vorschläge anderer Verfasser ergänzt und erweitert.

Da der Anfangsunterricht in Deutschland stets mit der Schreibschrift (lateinische bzw. vereinfachte Ausgangsschrift oder Schulausgangsschrift) begann, wurden auch die Sandpapierbuchstaben deutscher Montessori-Schulen in Schreibschrift hergestellt. Die Druckschrift hat jedoch im Anfangsunterricht viele Vorteile: Die einzelnen Buchstabenformen sind klarer erkennbar, sie grenzen sich innerhalb eines Wortes besser voneinander ab, sie sind leichter zu schreiben und überall in der Umwelt des Kindes zu sehen. Wenn Kinder spontan erste Schreibversuche machen, schreiben sie in Druckschrift. Deswegen sollte das Schreiben mit Druckbuchstaben beginnen, und den Kindern sollten die Sandpapierbuchstaben in Druckschrift angeboten werden.

Das Lesen verschiedener Texte von Arbeitskarten sowie Sach- und Erzählbüchern wird in der Freiarbeit vielfältig geübt. Schriftliche Arbeitsanweisungen müssen verstanden und umgesetzt werden.

Auch im ergänzenden Unterricht wird das sinnerfassende und kritische Lesen in allen Fächern gefordert. Hinzu kommt die Einführung in die Kinderliteratur, in Gedichte, Märchen, Fabeln usw. Der Besuch einer Bücherei und die Anleitung zum regelmäßigen Ausleihen von Büchern unterstützen die Bemühungen des Unterrichts um flüssiges Lesen und um den Zugang zu neuen Texten.

Zu den Zielen des Sprachbereiches »Lesen lernen / Umgang mit Texten« gehört nicht nur das flüssige, sinnerfassende Lesen, sondern auch der kritische Umgang mit Texten sowie die Fähigkeit, Textformen zu erkennen.

Irgendwann wird sich eine Gelegenheit einstellen, den Kindern zu erzählen, wie die Menschen die Schriftsprache eigentlich erfunden haben. Die Lehrerin könnte folgende Geschichte erzählen:

Wie die Menschen die Schrift erfunden haben –
Die Erzählung vom Ochsen und vom Haus

Erzählung: Erfindung der Schrift

Heute will ich euch einmal erzählen, wie die Menschen die Schrift erfunden haben. Ihr wisst schon: Wenn wir etwas aufschreiben wollen, brauchen wir Buchstaben, wir nennen es das »Alphabet«. Unser Alphabet besteht aus 26 Buchstaben; damit können wir alle Wörter, die wir kennen, aufschreiben – das ist doch toll!

Nun kennt ihr die Buchstaben, und ihr wisst auch, wie man sie schreibt. Aber wisst ihr auch, wie das alles entstanden ist? Wer es erfunden hat? Vielleicht die Lehrer? Oder die Großeltern? Vielleicht die Ritter im Mittelalter? Oder die Römer? – Nein, wir müssen noch viel weiter in die Zeit zurückgehen. Nicht 100 oder 1000 Jahre, Millionen Jahre müssen wir zurückgehen, wenn wir wissen wollen, wie die Menschen das Schreiben erfunden haben.

Wir gehen zurück in die Zeit, in der sich die Menschen entwickelten. Zuerst haben sie noch fast ausgesehen wie die großen Menschenaffen, aber es waren schon Menschen. Sie haben über besondere Fähigkeiten verfügt: Sie gingen aufrecht auf zwei Beinen; sie benutzten die Hände, um Dinge herzustellen: Tontöpfe z. B., um daraus zu trinken, Holzstämme und Felle, um eine Hütte zu bauen, Speere, um Tiere zu erlegen. Und sie lernten sprechen. Sie konnten sich gegenseitig etwas erzählen. Sie konnten einander etwas erklären. Sie konnten z. B. sagen: »Ich kenne im Wald eine Stelle, wo essbare Pilze wachsen.« Oder: »Hinter dem Wald beginnt eine Schlucht, die ist gefährlich, weil man abstürzen kann.«

Durch die Sprache können Menschen sehr viel voneinander erfahren und sehr viel voneinander lernen.

Was aber tun Menschen, die jemandem, der gar nicht da ist, etwas sagen wollen? Eine Frau will zum Beispiel Früchte sammeln und ihrem Mann sagen, wo sie hingegangen ist; der Mann aber ist gerade im Wald und sammelt Holz. Die beiden haben sich vielleicht Zeichen ausgedacht, die ihnen helfen, sich zu informieren. Sie haben vielleicht Stöcke in eine bestimmte Richtung gelegt, das sollte dann heißen: Ich bin hier entlanggegangen. Oder sie legten mit Steinen einen Kreis, das sollte bedeuten: Ich sammle Früchte.

Die Menschen kamen auch auf die Idee, Bilder zu zeichnen, um Nachrichten mitzuteilen. Vielleicht wollten sie auch das, was sie erlebten, in Bildern festhalten, damit man sich für immer daran erinnerte.

Auf dieser Felszeichnung sehen wir Boote und drei Bögen mit Punkten. Dieses Bild bedeutet vielleicht: Wir sind mit Kanus gefahren, in jedem Kanu saßen mehrere Perso-

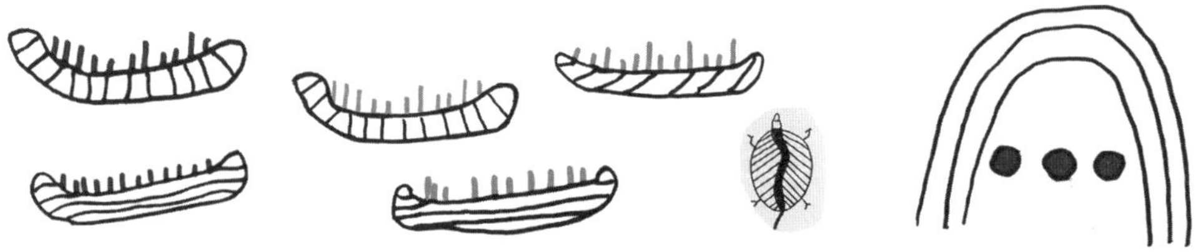

nen. Drei Tage waren wir unterwegs, denn dreimal ist die Sonne aufgegangen. Die Landschildkröte zeigt, dass wir gut wieder gelandet sind.

Solche Zeichnungen sind natürlich nicht einfach zu deuten. Das Erstaunliche ist aber, dass die Menschen in früherer Zeit, egal, wo sie wohnten, ähnliche Bilder erfanden, um sie für eine gegenseitige Verständigung zu nutzen. Sie zeichneten auf, was sie sahen.

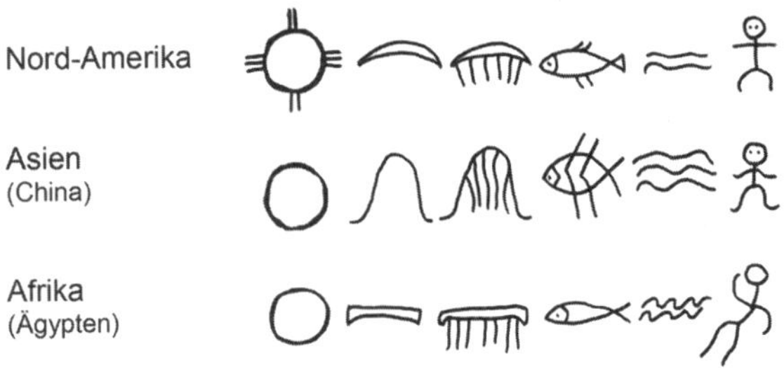

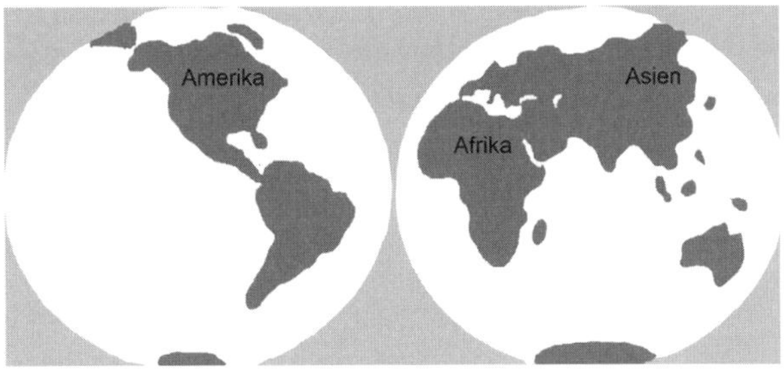

Dieses Bild zeigt, wie ähnlich die Zeichen waren, die Menschen in Amerika, Asien oder Afrika unabhängig voneinander erfanden. Obwohl diese Erdteile sehr weit voneinander entfernt sind, sind die Zeichen, die die Menschen benutzen, sehr ähnlich. Der Kreis bedeutet: »Sonne«. Der gekrümmte Bogen ist ein Zeichen für »Himmel«, und wenn er noch Striche hat, bedeutet es »Regen«. Auch die Zeichen für »Fisch«, »Wasser« und »Mensch« sind gut zu erkennen.

Im Laufe der Zeit wurden die Menschen mit den Zeichnungen unzufrieden. Es gab so viel, was man schriftlich mitteilen wollte – das ließ sich durch Zeichnungen nicht mehr darstellen.

Da bekamen eines Tages einige Männer oder Frauen aus dem Volk der Sumerer eine ganz neue Idee. Die Sumerer wohnten vor mehr als 4000 Jahren in Mesopotamien – heute nennen wir das Land Irak. Dort fließen zwei große Flüsse, Euphrat und Tigris, deswegen heißt es auch »Zweistromland«.

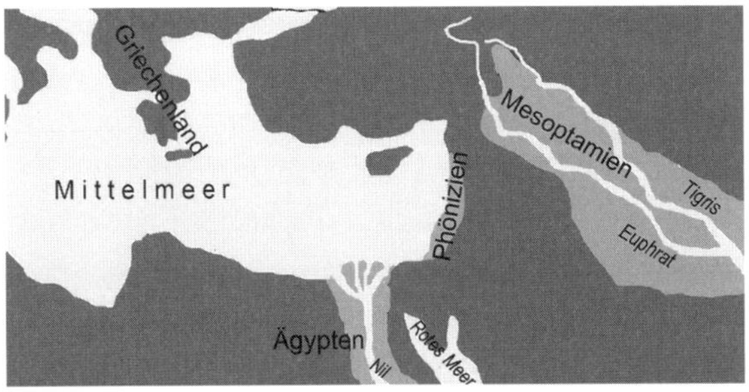

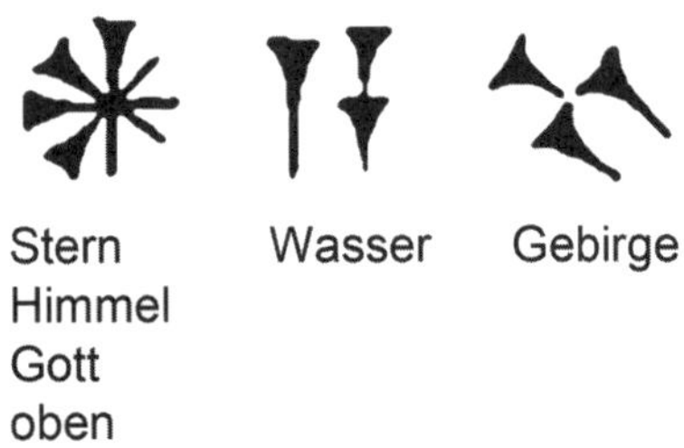

Die Männer oder Frauen erfanden ganz einfache Strichzeichnungen und gaben ihnen eine Bedeutung. Weil es in Mesopotamien viel Ton gab, machten sich die Sumerer Tontafeln, um darauf zu schreiben; diese trockneten, wurden gebrannt und konnten deswegen lange aufbewahrt werden. Als Schreibgerät benutzten die Sumerer einen »Stilus«, das ist ein Stift, mit dem man Zeichen in den Ton ritzen konnte. Weil das vordere Ende des Stiftes tiefer in den Ton gedrückt wurde, hatte die Linie die Form eines Keils. Deswegen nennen wir diese Zeichen-Schrift heute »Keilschrift«. Sie ist in vielen, vielen Tontafeln erhalten geblieben.

Während die Sumerer ihre Keilschrift entwickelten, erfanden die Ägypter eine andere Zeichenschrift, die »Hieroglyphen«. Hieroglyphen bedeutet: »heilige Zeichen«. Sie sind schwer zu lesen, denn einige Zeichen bedeuten Mitlaute wie k oder m, und andere Zeichen bedeuten bestimmte Dinge, Tätigkeiten oder Eigenschaften. Ein gezeichnetes Bein kann z. B. »Bein« bedeuten, aber auch »gehen« oder »schnell« oder auch nur »b«. Außerdem konnten die Hieroglyphen von links nach rechts oder von rechts nach links oder von oben nach unten gelesen werden.

Das Bild zeigt Hieroglyphen, die den Buchstaben, wie wir sie kennen, zugeordnet sind. Die Hieroglyphen in dem Rahmen bedeuten: »Kleopatra, die Göttliche, Geliebte ihres Vaters«. Kleopatra war eine große Königin. Bei hohen Herrschern wurden die Zeichen in einen schützenden Rahmen gesetzt. Dieser Rahmen heißt »Kartusche«.

Die Ägypter benutzten ein neues Material, um ihre Hieroglyphen aufzuschreiben: Sie hatten entdeckt, dass man aus den Stängeln der Papyruspflanze Streifen schneiden, diese übereinander legen, pressen und dann als Schreibunterlage benutzen konnte. Unser Wort »Papier« stammt von Papyrus, das die Ägypter zum Schreiben entdeckt haben.

Und jetzt wird es ganz spannend. Denn jetzt erzähle ich euch von den Phöniziern, dem Volk, das die Schrift erfunden hat, die wir heute noch gebrauchen.

Die Phönizier lebten vor etwa 3000 Jahren, ebenfalls an der Mittelmeerküste, ihr seht es hier auf dieser Karte. Sie waren gute Seefahrer und Kaufleute. Sie handelten mit Elfenbein und Gewürzen, mit Silber und Glas und mit einem ganz besonderen lila-roten Farbstoff, dem Purpur. Bei ihren Reisen lernten sie natürlich auch die Bilderschriften der anderen Völker kennen, z. B. die der Ägypter. Sie kamen dabei auf die großartige Idee, die Laute, die wir beim Sprechen erzeugen, durch Zeichen darzustellen. Sie zeichneten also keine Bildchen mehr, sondern erfanden Zeichen für die Laute, und zwar ge-

nau 22 Zeichen für 22 Laute. Damit konnten sie Tausende von verschiedenen Wörtern aufschreiben.

Ich zeige euch hier ein Bild, das zeigt, wie sich am Beispiel der Buchstaben A und B die Schriftzeichen entwickelt haben:

Auf dem einen Bild sehen wir einen Ochsenkopf und Zeichen, die an die dreieckige Form des Kopfes mit den Hörnern erinnern. Die Zeichen veränderten sich im Laufe der Zeit. Der Ochse hieß bei den Phöniziern »aleph«. Das eckige Zeichen sollte aber nicht mehr »aleph« bedeuten, sondern nur noch »a«.

Das phönizische Wort für Haus war »beth«. Die eckigen Zeichen, die zunächst noch an ein Haus erinnern, bedeuten aber jetzt nicht mehr »Haus«, sondern nur noch »b«.

Die Griechen, die auch mit den Phöniziern Handel getrieben haben, haben dabei die Schrift der Phönizier kennengelernt. Sie fanden diese Schrift genial und haben die Idee übernommen, aber natürlich auf ihre eigene Sprache angewendet. Das phönizische Zeichen »aleph« nannten sie »alpha« und das phönizische Zeichen »beth« nannten sie »beta«.

Sie veränderten die Zeichen etwas und erfanden weitere hinzu. Später haben die Römer die Schrift übernommen und ebenfalls etwas verändert; z. B. haben sie die eckigen Formen abgerundet.

Wie die Zeichen sich dann im Laufe der Zeit verändert haben, könnt ihr an dieser Tafel sehen:

Alle unsere Buchstaben zusammen nennen wir: Alphabet. Denken wir nun an die Phönizier zurück, so sagen wir eigentlich: OchsHaus.

Und wir sagen auch: Ein herzliches Dankeschön an die Phönizier, dass sie dieses geniale Laut-Buchstaben-System entwickelt haben!

Beim spannenden Erzählen und Vorlesen, bei der Interpretation von Texten, beim Vortragen von Gedichten oder Theaterstücken ist vor allem die Fähigkeit der Lehrerin gefragt, mit der Sprache und ihren Stilmitteln umzugehen. Ihre Vorbereitung besteht also nicht darin, Arbeitsmittel herzustellen, sondern darin, sich selbst in die Lage zu versetzen, durch ihre Sprache für Sprache zu begeistern.

Bei den Lernzielen der verschiedenen Fächer gibt es solche, die am Ende der Grundschulzeit erreicht sein sollten, und andere, die sozusagen als Langzeitziele immer wieder mittrainiert werden, aber noch nicht erreicht sein müssen. Das flüssige, sinnerfassende Lesen von Texten ist z. B. ein Ziel, das von allen Kindern am Ende der Grundschulzeit beherrscht werden sollte. Andere Ziele, wie z. B. die kritische Bewertung von Texten, werden im Unterricht stets mitverfolgt, gehören aber eher zu den Langzeitzielen.

Kurzfristige und langfristige Ziele

Rechtschreiben

Zum Üben der Rechtschreibung hat Montessori keine eigenen Materialien oder Ideen entwickelt. Deswegen übernahmen die Montessori-Schulen das, was jeweils die anerkannte Form der Rechtschreibsicherung war.

Wenn ein Kind in die Schule kommt, ist sein aktiver und passiver Wortschatz bereits so groß, dass es unmöglich ist, diesen gesamten Wortschatz »richtig« schreiben zu lernen. Um aber die Arbeit am Wortschatz überschaubar und erfolgreich zu machen, wird das Rechtschreibtraining auf einen sogenannten »Grundwortschatz« von etwa 1000 Wörtern beschränkt. Der Grundwortschatz besteht einerseits aus den Wörtern, die statistisch am häufigsten geschrieben werden, und andererseits aus den Wörtern, die für Kinder wichtig sind, wobei hier die realen Gegebenheiten des Wohnumfeldes Berücksichtigung finden. Ferner müssen die Wörter des Grundwortschatzes die wichtigsten Rechtschreibregelungen repräsentieren. Man kann den Grundwortschatz, der für die eigene Schule gelten soll, selbst zusammenstellen, man kann aber auch auf Wortlisten in Arbeitsheften oder Sprachbüchern zurückgreifen und diese durch die Wortlisten, die dem Schulstandort oder der Klassensituation entsprechen, ergänzen.

Grundwortschatz

Die Sicherung der Rechtschreibung gilt als Prinzip für alle Unterrichtsformen und Fächer. Die Kinder müssen daran gewöhnt werden, Wörter, die sie geübt haben, in allen Textformen und Fachgebieten richtig zu schreiben. Dies hat viel mit der inneren Haltung eines Kindes zu tun. Die Erfahrung zeigt, dass Kinder, die richtig schreiben »wollen«, bessere Rechtschreiber werden als jene, denen es »eigentlich« eher egal ist, ob sie richtig oder falsch schreiben.

In der gegenwärtigen Literatur und Schulpraxis gibt es viele überzeugende Anregungen für Rechtschreibübungen sowohl in der Freiarbeit wie im ergänzenden Unterricht. Der zu übende Wortschatz ist stets begrenzt, und die Übungen sind in Stufen aufgebaut.

Wie oft ein Kind üben muss, um sich Wortbilder einzuprägen, kann individuell außerordentlich unterschiedlich sein. Wichtig ist und bleibt die häufige Übung, besonders bei jenen Kindern, die ein schwaches Wortbildgedächtnis haben.

Der Erfolg der Übung wird in freien Texten, individuellen Diktaten und vielleicht auch in gemeinsamen Diktaten sichtbar. Ziel der Rechtschreibübungen ist nicht nur das sichere gedächtnismäßige Beherrschen möglichst vieler Wörter des Grundwortschatzes, sondern auch das Erkennen und Anwenden von Regeln sowie der richtige Umgang mit einem Wörterbuch.

Mündlicher und schriftlicher Sprachgebrauch

Gelegenheiten, den mündlichen Sprachgebrauch zu üben, ergeben sich vielfältig bei der Kooperation in der Freiarbeit, im ergänzenden Unterricht oder in den Pausen. Auch beim Morgen- oder Gesprächskreis können die Kinder ihre Erlebnisse und Meinungen oder kleine Erzählungen vortragen. In allen Fachgebieten ist Argumentieren und Diskutieren angesagt.

Gesprächskompetenzen

Die Kinder lernen, dass zu einem Gespräch nicht nur das Reden, sondern auch das Zuhören gehört, dass man auf das Gesagte eingehen und sich beherrschen können muss, um auch anderen Kindern Gelegenheit zu geben, sich zu äußern. Die Kinder lernen die Gesprächsregeln kennen und einhalten.

Auch das Vortragen von Gedichten, spannendes Vorlesen oder Theaterspielen haben ihren Platz im Unterricht.

Der eigenständige schriftliche Sprachgebrauch beginnt, sobald die Kinder des 1. Schuljahres entdecken, dass man seine Gedanken aufschreiben kann. Die ersten kleinen Geschichten können aus zwei oder drei Sätzen entstehen, z. B.: »Libe Oma. Ich Vamisedch ser. Tauset Küse, deine Lena« oder: »Da schist ein Skenets ein Ausledisches Kint Tot und DA komt die Polizei«.

Eigene Texte

Das Schreiben von Texten findet in der Freiarbeit spontan statt. Es gibt in jeder Klasse einige besonders schreibfreudige Kinder. Liest man deren Geschichten den anderen vor, so regt das viele von ihnen zum Geschichtenschreiben an. Die Geschichten von Erst- und Zweitklässlern zeichnen sich durch naiven Witz und besondere Originalität aus, z. B.:

Es war einmal ein kleiner Hase. Er hatte einen Freund. Der Freund war ein Fisch.

Urwaldgeschichte
Die Eidechse sucht einen Wurm. Der Vogel schnappt die Beute weg. Der Löwe macht sich nichts aus Würmern. Das ist ihm zu wenig Fleisch.

Der Hahn
Er kann 30 Hennen haben, aber er ist der Führer der Hühner. Und wenn er 70 Hennen hat, dann ist er der einzige Mann der Hühner. Er gibt sich für seine Hennen hin.

Zum Verfassen von Texten wird auch gezielt angeleitet, und es wird entsprechend geübt. Es ist Aufgabe des Unterrichtes, viele Schreibanlässe zu schaffen, damit die Kinder sich darin üben, Texte nach eigenen oder vorgegebenen Themen in sich stimmig und lebendig aufzuschreiben, sprachliche Mittel wie wörtliche Rede, treffende Ausdrücke oder ansprechende Vergleiche anzuwenden und in sog. Schreibkonferenzen Anregungen für die Textüberarbeitung aufzunehmen. Die Schreibanlässe betreffen alle Fachgebiete.

Grammatik

Die in der Grundschule geforderten Übungen zur Grammatik werden auch unter Stichwörtern wie »Sprache untersuchen« oder »Sprache reflektieren« zusammengefasst. Dazu zählen das Erkennen und Bestimmen bestimmter Wortarten, die Zeitstufen des Verbs, die Formen des Nomens und des Adjektivs und die Unterscheidung von bestimmten Satzgliedern sowie die Kenntnis von Formen des Satzes.

Für das Unterscheiden von Wortarten und das Erkennen ihrer Funktion stehen in der Freiarbeit vor allem die »Wortsymbole« mit den sie begleitenden Übungen zur Verfügung, für das Erlernen von Satzstrukturen und Satzgliedern die sogenannte »Satzanalyse«.

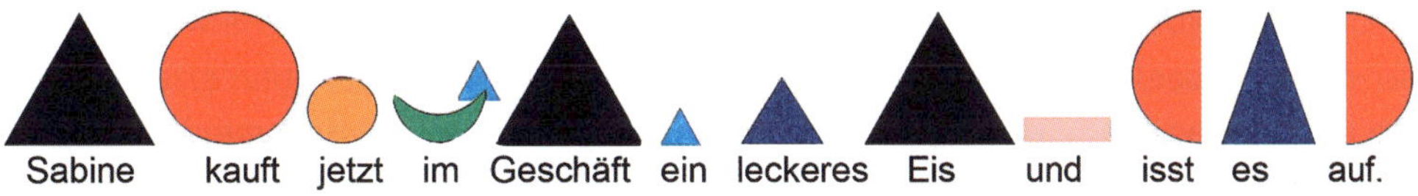

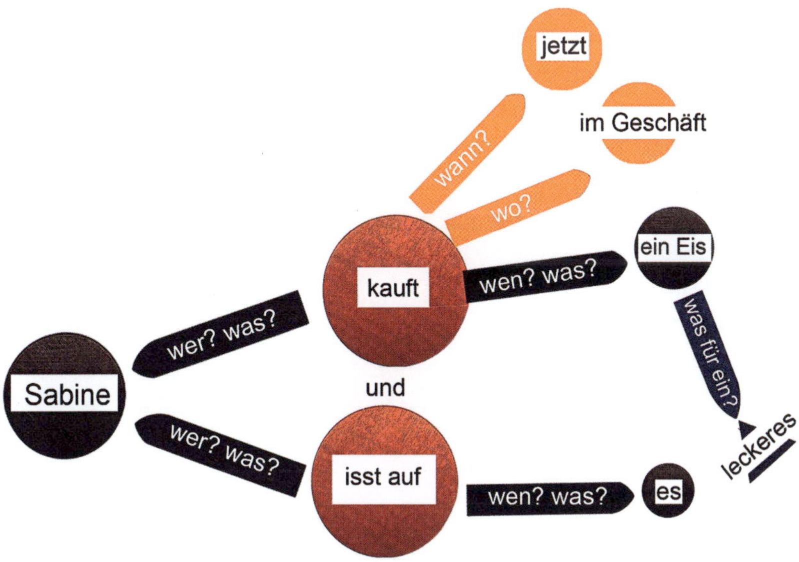

Das Prinzip dieser Arbeitsmittel ist es, dem Kind zu helfen, Strukturen zu erkennen und durch zunächst symbolhaftes Erfassen zur späteren begrifflichen Bestimmung von Wortarten und Satzgliedern zu kommen. Die Übungen sind von der Lehrerin vorbereitet und gehen schrittweise vom Leichten zum Schweren. Die ersten leichten Übungen werden angeboten, wenn ein Kind im Lesen und Schreiben sicher ist. Die Abbildung zeigt eine fortgeschrittene Übung. An den Wortsymbolen des abgebildeten Satzes kann man erkennen, dass das Wörtchen »im« aus einer Präposition mit Artikel besteht und das Verb »aufessen« im Satz als »isst ... auf« eine Satzklammer bildet. Wird der Satz in seine Satzteile gegliedert, so kann man zwei Prädikate, ein Subjekt und zwei Akkusativobjekte erkennen sowie Umstandsbestimmungen der Zeit und des Ortes und ein Attribut. Die Pfeile zeigen, in welcher Beziehung die Satzteile zueinander stehen.

Symbolhaftes und begriffliches Erfassen von Satzstrukturen

Der Sprachunterricht in Freiarbeit und ergänzendem Unterricht vermittelt durch die vielen unterschiedlichen Lernformen wichtige Kompetenzen wie: miteinander kommunizieren, darstellen, begründen, Sachzusammenhänge erkennen oder Informationen aufnehmen und verwenden.

Mathematik

Die Bildung des »mathematischen Geistes« war Montessori ein wichtiges Anliegen. Das Verlangen schon des kleinen Kindes, die Vielfalt der Erscheinungen zu ordnen, und seine Fähigkeit, Ordnungskriterien zu entdecken, hat seinen Ursprung in dem Zusammenhang zwischen den Gesetzmäßigkeiten der Natur und der angeborenen Geisteskraft des Menschen. Der Mensch ist Teil der Natur und unterliegt ebenfalls diesen Gesetzen, aber der menschliche Verstand kann sich dessen bewusst werden und sie erkennen.

Die Bildung des mathematischen Geistes beginnt schon früh, nämlich dann, wenn ein Kind Gleichheiten und Unterschiede feststellt, wenn es abstrahieren und Eigenschaften von Gegenständen erkennen und wenn es Dinge einordnen und die Kriterien dazu selber entwickeln kann. Die Arbeit mit dem Sinnesmaterial im Montessori-Kinderhaus fördert die Fähigkeit, zu beobachten, zu analysieren und zu klassifizieren. Insofern bereitet sie das Verständnis für mathematische Zusammenhänge vor.

Erkennen von Ordnungsstrukturen

Zusätzlich haben die Kinder im Montessori-Kinderhaus Gelegenheit, mit geometrischen Formen und Körpern Erfahrungen zu machen sowie mit verschiedenen Materialien, die dazu dienen, die Mengen und Ziffern von 0 bis 9 kennenzulernen. Darüber hinaus wird ihnen mit dem »Goldenen Perlenmaterial« und dem »Kartensatz« die Ordnung des Dezimalsystems dargeboten.

Das Prinzip des Montessori-Mathematikmaterials ist es, das Kind vor allem auf Ordnungsstrukturen und Zusammenhänge aufmerksam zu machen. In genialer Weise ermöglicht es den Kindern einen Zugang zu mathematischen Gesetzmäßigkeiten, die sie handelnd erfahren und begreifen können.

Die Arbeitsmittel stehen vom 1. bis zum 4. Schuljahr zur Verfügung, und die meisten können mit unterschiedlich schweren Aufgabenstellungen von jüngeren und älteren Kin-

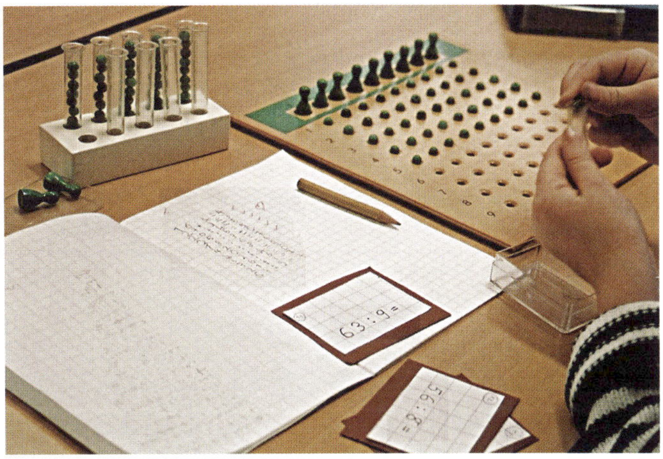

Material zum Quadrieren, Wurzelziehen und Dividieren

dern genutzt werden. Die folgenden Beispiele zeigen, wie die Arbeitsmittel, die in die Grundstrukturen und die vier Grundrechenarten einführen, später für schwierigere Aufgaben eingesetzt werden. Dargestellt sind die Rechenschritte der Multiplikation 14 x 14, ausgeführt mit einem dem Goldenen Perlenmaterial entsprechenden Material aus Holz, das farbig lackiert wurde.

1. Schritt: 14 x 14 legen 2. Schritt: umtauschen
3. Schritt: Zwischenergebnisse aufschreiben und addieren:
10 x 10 + 2 x (4 x 10) + 4 x 4 = 100 + 40 + 40 + 16 = 196

Die Umkehraufgabe lautet:
Lege die Zahl 196 als Quadrat.
Wie viele sind an einer Seite?

Mit dem Markenspiel kann diese Aufgabe ebenfalls durchgeführt werden. Dabei wird deutlich, dass die Hundert als Symbol optisch eine geringere Mächtigkeit hat. Sie setzt also eine größere Abstraktionsleistung voraus.

Für das Rechnen mit Größen stehen in der Freiarbeit eine »Kasse« mit Papiergeld, eine Waage und Gewichtssteine, ein Metermaß und Litergefäße zur Verfügung. Kinder haben in ihrem Alltag heute nur wenige Möglichkeiten, mit Gewichten, Maßen und

Litergefäßen zu arbeiten. Deswegen ist es wichtig, dass sie mit Meter und Zentimeter, Kilogramm und Gramm, Liter und Milliliter Erfahrungen machen, indem sie handlungsorientiert messen und abwiegen und indem sie mit verschiedenen Gefäßen Wasser umschütten, um den Zusammenhang von Flüssigkeitsmenge und Volumen des Gefäßes erkennen.

Darüber hinaus arbeiten die Kinder auch mit Arbeitsmitteln zur Geometrie.

Arbeit mit den geometrischen Körpern

Die Übungen mit dem Mathematik-Material bewirken wichtige mathematische Erfahrungen, die dem späteren abstrakten Rechnen die dringend notwendige Grundlage bereiten. Erst wenn man durch sinnenhafte Erfahrungen in der Wirklichkeit innere Vorstellungen und Bilder erworben hat, kann man aus ihnen in einem späteren Schritt Regeln und Formeln herausabstrahieren.

Die verschiedenen Bereiche des Mathematikunterrichts werden in der Freiarbeit durch das Montessori-Material hervorragend abgedeckt, und in der Erarbeitung werden wichtige Kompetenzen erworben wie: eigenständig arbeiten, Lösungswege finden, Entscheidungen treffen oder kooperieren. Der ergänzende Unterricht bezieht sich meist auf Themen, die das Verbalisieren erarbeiteter Erfahrungen zum Thema haben, z. B.: eigene Rechenwege beschreiben, die Rechenwege anderer nachvollziehen, sie miteinander vergleichen, begründen und bewerten, reale Rechensituationen in Alltagsproblemen erkennen und lösen, Größen oder Mengen schätzen, das Überschlagsrechnen oder das Auf- und Abrunden thematisieren. Hier sei auch die aktuelle Literatur empfohlen, die einen neuen Blick auf den Mathematikunterricht öffnen hilft.

Auch zu mathematischen Themen kann man spannend erzählen. Haben die Kinder im 1. Schuljahr z. B. die Ziffern und Zahlmengen kennengelernt, so bietet es sich an, ihnen einmal »Die Geschichte von der Entstehung der Zahlzeichen und Ziffern« zu erzählen:

Die Geschichte von der Entstehung der Zahlzeichen und Ziffern

Erzählung: Entstehung der Zahlzeichen

Heute will ich euch erzählen, wie die Menschen das Rechnen und die Zahlzeichen erfunden haben.

Vor langer, langer Zeit, als die Menschen begonnen haben zu sprechen, haben sie für alles, was sie kannten und was ihnen wichtig war, Wörter erfunden. So konnten sie sich miteinander unterhalten und ihr Wissen austauschen.

Natürlich brauchten sie auch Begriffe, um Mengen auszudrücken. Sie erzählten sich vielleicht, wie viele Brote sie backen mussten, um die Familien zu ernähren, oder wie viele Hirschkühe sie auf ihrer Wanderung gesehen hatten. Sie benutzten bestimmt auch ihre Finger zum Zählen, und wenn diese nicht ausreichten, nahmen sie wahrscheinlich

Steine oder Stöckchen oder schnitten Kerben in einen Ast, um den anderen die Menge zu veranschaulichen.

Einige Volksstämme begnügten sich beim Zählen mit der Eins und der Zwei; andere hatten Zahlen von eins bis fünf, für sie waren die fünf Finger einer Hand die Grundlage fürs Zählen. Menschen aus einer anderen Gruppe bestimmten ihre Zahlen vielleicht mithilfe beider Hände, dann zählten sie auch sechs, sieben, acht, neun und zehn Finger. Wieder andere gingen von der Zahl 20 aus, denn zehn Finger und zehn Zehen konnte man leicht zum anschaulichen Zählen benutzen.

Dann kam bestimmt jemand auf die Idee, dass man die Zahlwörter benutzen kann, ohne gleichzeitig die Gegenstände zu nennen. Wenn sie gefragt wurden: »Wie viele Fische hast du heute im Fluss gefangen?«, dann sagten sie einfach: »Fünf.«

»Und gestern?«

»Da waren es sieben.«

Weil die Menschen auch das Schreiben erfanden, zeichneten sie die Mengen in bestimmten Zahlzeichen, den Ziffern, auf.

Vor ungefähr 5000 Jahren lebten die Sumerer in dem Land Mesopotamien, das wir heute Irak nennen. Das Land liegt zwischen den beiden großen Flüssen Euphrat und Tigris. Wir wissen, dass die Sumerer bereits lesen und schreiben konnten und Nachrichten in weiche Tontafeln einritzten. Sie benutzten einen Stift, der keilförmige Zeichen in den Ton presste, deswegen nennen wir diese Schrift Keilschrift. Weil die Tontafeln in der Hitze der Sonne trockneten, wurden sie so hart, dass sie nicht zerbrachen und viele hundert Jahre später gefunden und von Forschern entziffert wurden. Es gab in Mesopotamien später noch eine andere Volksgruppe, die Babylonier. Sie folgten auf die Sumerer und übernahmen deren Keilschrift. Die Babylonier waren Kaufleute und Händler und bereisten viele Länder am Mittelmeer. Sie schrieben auf, was sie verkauften und wo sie hinreisten, und man hat etliche hundert Jahre später viele Tontafeln gefunden. Die Babylonier waren aber auch gute Beobachter von Sonne, Mond und Sternen. Sie beobachteten, wie der Mond sein Aussehen veränderte, wie er von einer schmalen Sichel zu einem Vollmond wurde und dann wieder zu einer schmalen Sichel. Sie machten für jeden Tag einen Strich und fanden so heraus, wie lang ein Monat war. Sie fanden auch heraus, dass ein Tag 24 Stunden hat und eine Stunde 60 Minuten. Die Babylonier hatten Zeichen für die Eins und die Zehn, damit fügten sie die Zahlen bis 59 zusammen. Für die 60 nahmen sie wieder das Zeichen für Eins. Auf dem Bild kann man sehen, wie die Zahlen geschrieben sind:

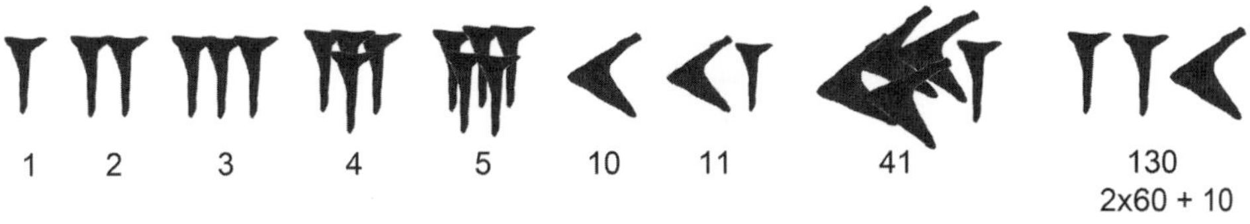

Auch die Ägypter, die in Nordafrika am Mittelmeer und am Fluss Nil wohnten, hatten Zeichen erfunden, um Wörter und Mengen aufzuschreiben. Die Zeichenschrift der Ägypter *nennt man »Hieroglyphen«. Man konnte sie von rechts nach links oder von links nach rechts lesen und auch von oben nach unten.*

Für die Eins benutzten die Ägypter einen Strich, für die 10 einen Rundbogen – das erinnerte an ein Gespann für Rinder; die 100 stellten sie durch eine Seilschlinge dar und die 1000 durch eine Lotusblume. Ein Finger bedeutete 10.000 und eine Kaulquappe 100.000. Für die Million gebrauchten sie ein Bild des Gottes Heh, das war der Gott der Unendlichkeit. Die Bilder setzten sie zu Zahlen zusammen, wie man hier sehen kann:

1 10 100 1000 10.000 100.000 1.000.000 1.234.111

Die Griechen und die Römer benutzten keine Bilder, sondern Buchstaben, um ihre Zahlen aufzuschreiben:

griechisch	*I*	*Π*	*Δ*	*H*	*x*
römisch	*I*	*V*	*X*	*C*	*M*
heutige Zeit	*1*	*5*	*10*	*100*	*1000*

Man findet die römischen Zahlen oft an Häusern; sie zeigen an, wann ein Haus gebaut wurde, z. B. MDCCCXXIII = 1823. Besonders gut rechnen kann man mit römischen Zahlen aber nicht.

Nun habt ihr schon ganz viel über die verschiedenen Zahlzeichen einzelner Völker gehört, aber unsere heutige Schreibweise ist noch gar nicht erklärt worden. Ja, da müssen wir wieder viele Jahre zurückgehen. Man hat nämlich herausgefunden, dass die Vorläufer unserer Ziffern vor mehr als 3000 Jahren in Indien entstanden sind. Wie aber kamen die indischen Zahlzeichen nach Europa? Indische Kaufleute unternahmen lange Reisen, um in den Ländern am Mittelmeer ihre Waren zu verkaufen. Dabei wurden die indischen Zahlzeichen bekannt. Aber die Völker am Mittelmeer hatten ja selbst Zahlensysteme, mit denen sie zufrieden waren. Warum sollten sie das ändern?

Nun lebte aber ein Wissenschaftler in Arabien, der an den indischen Zahlzeichen sehr interessiert war; deswegen schrieb er ein Buch darüber. Dieses Buch gelangte nach Europa, und man begann, auch diese Ziffern zu benutzen. Weil die Zahlzeichen durch arabische Wissenschafter bekannt geworden waren, wurden diese Zahlzeichen lange Zeit »arabisch« genannt. Sie sahen so aus:

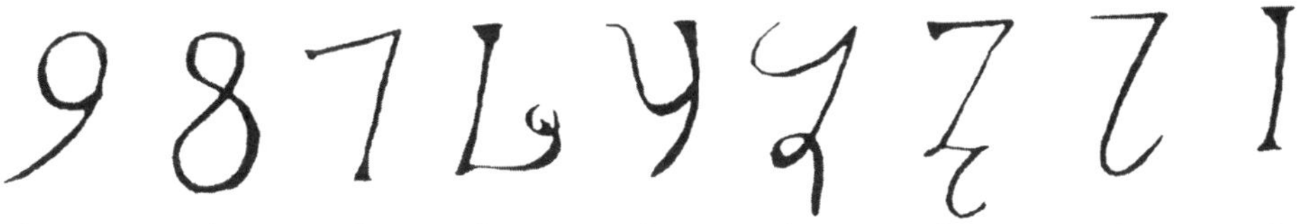

9 8 7 6 5 4 3 2 1

Die Zeichen wurden im Laufe der Zeit beim Schreiben verändert, manchmal auch gedreht, bis sie schließlich so aussahen, wie wir sie heute gebrauchen.

Zum Schluss möchte ich euch noch von einer großartigen Erfindung berichten: von der Erfindung der Null. Ihr denkt: Wieso musste man die erfinden? Die war doch bestimmt schon immer da! Nein, so war das nicht. Über viele hundert Jahre haben die Menschen mit Hilfsmitteln wie Stöckchen oder Steinen, mit Münzen oder Rechenrahmen gerechnet. Dabei brauchte man keine Null. Als man aber anfing, ohne Hilfsmittel nur auf dem Papier zu rechnen, brauchte man ein Zeichen für die Menge, die nicht da war. Auch als das Zehnersystem so gebräuchlich wurde, dass es alle benutzten, wurde die Null wichtig. Sie wurde zum Platzhalter. Wenn z. B. in der Zahl 2011 die Hundert fehlt, wird die Stelle durch die Null als Platzhalter ausgefüllt.

Das war die Erzählung, wie die Menschen das Zählen und die Ziffern erfanden. Da können wir doch froh und dankbar sein, dass wir heute ein so praktisches Ziffernsystem haben!

Englisch

Schwerpunkt mündliche Kommunikation

Das Fach Englisch wird in der Grundschule noch vorrangig im ergänzenden Unterricht in den jeweiligen Jahrgängen erteilt. Der Unterricht in der Grundschule legt zunächst einmal Wert auf die mündliche Kommunikation; mit zunehmendem Wortschatz können sich die Kinder auch an Unterrichtsgesprächen zu bestimmten Themen beteiligen. Lieder und Rollenspiele festigen das Sprachgefühl. Die korrekte Aussprache wird geübt. Zunehmend wird auch die Schriftsprache erlernt, sodass die Kinder einfache schriftliche Arbeitsanweisungen lesen und kurze Texte schreiben können. In der Freiarbeit werden dazu Tonträger, Arbeitsmaterialien und englische Kinderbücher angeboten.

Am effektivsten wäre es, wenn die Klassenlehrerin auch die Englischlehrerin wäre oder sie jedenfalls gut Englisch spricht; in kurzen, aber täglichen Übungen mit den gleichen Personen lernen Kinder eine Sprache besser als in zwei Einzelstunden.

Sachunterricht

Breites Themenspektrum

Der Sachunterricht der Grundschule bezieht sich auf heimatgeschichtliche, erdkundliche, naturwissenschaftliche und soziale Themen. Die Themenbreite ist groß, und sie kann durch aktuelle Begebenheiten ergänzt werden.

In der Freiarbeit steht eine Fülle von Arbeitsmitteln zu den Bereichen Geschichte, Erdkunde, Geologie, Biologie, Zoologie, Verkehrserziehung, Technik, Physik und Elektrotechnik bereit.

Die Tradition der Montessori-Schulen hat eine Fülle von erprobten Arbeitsmitteln hervorgebracht, außerdem sind Sachkundearbeitsmittel leicht durch eigene Herstellung zu vervollständigen oder zu kaufen. Karteien mit Versuchsanleitungen vervollständigen das Angebot.

Beliebt sind die Zeitbänder oder -ketten, die auf anschauliche Weise Zeitabschnitte verdeutlichen, wie z. B. die Zeit von der Geburt bis zur jährlichen Geburtstagsfeier eines Kindes oder die Zeit von der Entstehung einer Stadt bis heute. Außerdem gibt es das 12 m lange Zeitband zur Entwicklung des Lebens auf der Erde, das im Flur ausgelegt werden kann und dem Jahreszahlen, Namen und Bilder zugeordnet werden können, sowie Bücher über Tiere und Pflanzen, zu den Zeitaltern, zur Entwicklung des Menschen u. a.

Exkursionen

Die Freiarbeit wird durch den Unterrichtsgang ergänzt. Viele Dinge (Kirchen, Burgen, Museen, Berge usw.) muss man aufsuchen, weil die Wirklichkeit beeindruckender ist als eine Abbildung. Das Interesse für ein Thema wird durch solche kleinen »Exkursionen« erhöht, und die Kinder finden leichter Zugang zu ihrer eigenen Umwelt.

Übergreifende Lernziele

Zu den Zielen des Sachunterrichts gehört nicht nur der Erwerb von gesicherten Kenntnissen, sondern auch das genaue Beobachten, das sachgerechte Durchführen von Versuchen und die Verknüpfung von außerschulischem und schulischem Wissen. Auch das Vergleichen, Begründen und Urteilen sind Ziele des Sachunterrichts.

Kunst

Den Kindern sollte als Mittel des Selbstausdrucks die Möglichkeit zur künstlerischen und musikalischen Gestaltung gegeben werden. Wie weit Themen des Musik- oder Kunstunterrichts während der Freiarbeit bearbeitet werden können, hängt einerseits vom jeweiligen Thema und andererseits von den räumlichen Möglichkeiten der Schule ab. Darüber hinaus wird der Musik- und Kunstunterricht im ergänzenden Unterricht entsprechend den Richtlinien durchgeführt.

Zum Kunstunterricht gehören Zeichnen und Malen, Schneiden und Falten, Textiles Gestalten, Basteln, Modellieren und Werken. Die Kinder sollen Geschicklichkeit in verschiedenen Arbeitstechniken erwerben und dabei bildnerische Stilmittel erkennen und anwenden. Sie üben sich darin, mit Werkzeugen und Materialien sachgerecht umzugehen. *Lernziele* Sie lernen Kunstwerke kennen, können sie beschreiben und benennen.

Wenn der Klassenraum groß genug ist, lässt sich eine Kunstecke einrichten mit Angeboten für künstlerisches Arbeiten während der Freiarbeit. Anregungen dazu gibt es in der Fachliteratur (vgl. Berg 2010).

Die Kunstmuseen bieten Führungen und Workshops an, die von den Schulen gerne angenommen werden und eine wichtige Ergänzung für den Unterricht sind.

Musik

Singen, Musizieren und Tanzen gehören ebenso zum Musikunterricht wie das Erlernen von musiktheoretischen Kenntnissen. Die Freude an der Musik sollte sich auch in den Freizeitbereich übertragen lassen. Die Klassenlehrerin sollte nach Möglichkeit den Schulalltag musikalisch rhythmisieren und immer wieder musikalische Gruppenerlebnisse ermöglichen. In der Freiarbeit können die Kinder mit einfachen Instrumenten selbstständig arbeiten, z. B. komponieren, Gedichte vertonen oder Lieder begleiten.

Oft arbeiten die Schulen mit städtischen Musikschulen zusammen. Seitdem die Schulen auch Betreuungseinrichtungen sind, bieten die Musikschulen Instrumentalunterricht in den Schulräumen an. Blas- oder Streichorchester werden aufgebaut. In Städten mit Musikhochschulen finden auch Projekte statt, die von den Hochschulen gestaltet werden.

Die Bedeutung des Musikunterrichts steht in keinem rechten Verhältnis zur vorgesehenen Stundenzahl und den dafür vorgesehenen Lehrerstunden. Jeder, der selber zusammen mit anderen ein Musikinstrument spielt oder in einem Chor singt, weiß um die enorme Wirkung des gemeinsamen Musizierens.

Sport

Die Bewegungserziehung hat einen zentralen Platz im Konzept Maria Montessoris, aber nicht im Sinne der Einübung sportlicher Disziplinen, sondern im Sinne einer ganzheitli-

Körper und Geist

chen Erziehung des Kindes. Körper und Geist gehören untrennbar zusammen. Die Bewegung ist ein Lernprinzip. Darüber hinaus wird an Montessori-Schulen der Sportunterricht im Sinne der jeweiligen Richtlinien und der gegenwärtigen didaktischen Auffassungen durchgeführt; dabei werden gerne Ideen aus dem Bereich der Psychomotorik übernommen. Zum Sportunterricht gehören u. a. Gymnastik und Tanz, Boden- und Geräteturnen, Leichtathletik, Schwimmen, Spiele und Mannschaftsspiele. Die Kinder sollen lernen, ihren Bewegungsdrang zu steuern und sich in Mannschaftsspielen fair einzusetzen, und sie sollen dabei körperliche Geschicklichkeit, Kondition und Kraft erwerben und die sportliche Betätigung zur Erhaltung der Gesundheit und zur Gestaltung von Freizeit für sich entdecken.

Nicht immer hat eine Schule eine Turn- oder Mehrzweckhalle. In diesem Fall ist der Sportunterricht eingeschränkt, weil die Kinder mit Bussen zu einer Halle gefahren werden müssen. Sportflächen in einer Außenanlage sind an Grundschulen kaum zu finden. Auch dorthin müssen die Kinder gefahren werden.

Religion

Maria Montessori war katholisch und blieb ihrer Kirche ein Leben lang verbunden, ohne sich durch die Konfession einengen zu lassen. Sie hielt die religiöse Erziehung des Kindes für sehr wichtig, weil »Religion eine universale Empfindung ist, die in jedem Menschen existiert und existiert hat seit Beginn der Welt« (Montessori 1979: 49).

Universalität

Die religiöse Bindung hilft, die Sinnfragen des Lebens zu beantworten, deswegen darf Erziehung die religiöse Unterweisung nicht ausklammern. »Wenn Religion fehlt, so fehlt uns etwas Fundamentales für die Entwicklung des Menschen« (Montessori 1979: 49).

Grundlage der religiösen Erziehung ist die Achtung vor der Personalität des Kindes. Die Personalität ist von Gott gegeben, und es ist die Aufgabe von Eltern und Lehrern, »das Göttliche im Menschen zu kennen, zu lieben und ihm zu dienen; zu helfen und mitzuarbeiten von der Position des Geschöpfes und nicht der des Schöpfers« (Montessori 1988: 19). Das Göttliche im Kind äußert sich in der individuellen Ausprägung seiner Person, die das Kind aus eigener Kraft, aber mit der Hilfe seiner Eltern und Erzieher schaffen muss. In diesem Selbsterziehungsprozess gehorcht das Kind einem »inneren Impuls« (Montessori 1979: 44), der zum Schöpfungswerk Gottes gehört. Das Göttliche im Kind äußert sich auch in seinem Freiheitsbedürfnis und in seiner Fähigkeit, sich seiner Umwelt voller Liebe zuzuwenden.

Achtung vor der Würde des Kindes

Religiöse Erziehung ist eingebettet in die Gesamterziehung. Unsere Achtung vor der Würde des Kindes und die Hilfen, die wir ihm geben, sich in Freiheit und Verantwortung zu entwickeln, ist gleichzeitig auch religiöse Erziehung. Durch das Beispiel, das Eltern und Erzieher geben, vermitteln sie dem Kind die Achtung vor anderen Menschen, vor ihren Werken und vor den Gegebenheiten der Natur. Da sie in dem Bewusstsein handeln, selbst auch Geschöpf zu sein, weisen sie auf Gott als den Schöpfer hin.

Montessori hat darüber hinaus in ihrem Buch *Kinder, die in der Kirche leben* von ihrer praktischen Arbeit (katholischer) religiöser Unterweisung Zeugnis gegeben. Die Prinzipien der sinnenhaften Unterweisung und der Einübung religiöser Zeremonien sind auf die heutige Zeit übertragbar, die einzelnen Inhalte müssen angepasst werden. Wichtig bleibt der Gedanke, dass das Kind für Stille und für Zeremonien sensibel bleiben muss, wenn es für religiöse Inhalte empfänglich sein soll. Montessori schlägt ein »Atrium« vor, einen kleinen gesonderten Raum als Vorbereitete Umgebung, in dem das Kind verschiedene Handlungen und Arbeiten durchführen kann: eine Kerze anzünden, in der Bibel lesen, beten, einfach Ruhe erleben oder bestimmte Aufgaben bearbeiten. Da in den meisten Schulen ein solches Atrium nicht zu verwirklichen ist, haben manche Lehrer in ihrem Klassenraum eine Ecke vorbereitet, in der die Kinder während der Freiarbeit entsprechende Arbeiten durchführen können. Allerdings ist es ein Merkmal unserer Zeit, dass viele Kinder zu liturgischen Zeremonien zunächst keinen Zugang haben. Oft fehlt die konfessionelle Bindung an eine Kirche, und selbst wenn sie da ist, sind die Kinder einen regelmäßigen Kirchgang nicht gewohnt, sodass ihnen viele Erfahrungen fehlen, die Montessori bei ihrer Arbeit voraussetzen konnte.

Religiöse Zeremonien

Alle Inhalte, die adäquat durch Arbeitsmaterial vermittelt werden können, stehen natürlich auch in der Freiarbeit zur Verfügung; allerdings müssen die meisten Arbeitsmittel von den Lehrern selbst hergestellt werden.

Außer in der Freiarbeit findet religiöse Erziehung im ergänzenden Unterricht statt. Dieser richtet sich nach den Lehrplänen der katholischen bzw. der evangelischen Kirche. Zusätzlich müssen die Lehrer viele Ideen entwickeln, um für Kinder, die in der eigenen Familie konfessionelle Bindung kaum noch kennenlernen, religiöse Symbole und Handlungen erfahrbar zu machen. Viele Eltern erhoffen sich auch, dass die Schule das vermitteln kann, was sie selber nicht mehr geben können: die Liebe zu Gott und zu einer Religion.

Der Wunsch nach religiöser Unterweisung betrifft natürlich auch Kinder, die anderen Religionen wie dem Islam angehören. Auch hier wird nach Wegen religiöser Erziehung gesucht. Allerdings können sich bei nicht-christlichen Religionen Konflikte mit der europäischen Auffassung von den Menschenrechten (und mit der Montessori-Pädagogik) ergeben. Wenn z. B. muslimische Mädchen an der Ausprägung ihrer individuellen Fähigkeiten gehindert werden, wenn die Eltern sie vom Sport- oder Schwimmunterricht fernhalten oder ihnen nicht erlauben, an einem Schullandheimaufenthalt teilzunehmen, weil sie die Erziehung zur Selbstbestimmung nicht mit islamischen Vorstellungen von der Rolle der Frau in Einklang bringen können, dann entstehen Schwierigkeiten, die nicht befriedigend zu lösen sind. Jedenfalls muss es aber in der heutigen Zeit Ziel des Religionsunterrichts sein, die Kinder über Gemeinsamkeiten und Unterschiede der Religionen zu informieren. Für die Kinder einer multikulturellen Lerngruppe ist es wichtig, Feste und Rituale der anderen Religionsgemeinschaften zu verstehen.

Nichtchristliche Religionen

7.

»Wir bauen nicht auf dem Kollektivunterricht auf«

Dokumentation und Leistungsbewertung

Über die Dokumentation und Bewertung von Leistungen hat Maria Montessori in ihren Schriften keine Aussagen gemacht. Aber Lehrer haben täglich Gelegenheit, die Kinder in ihrem Arbeits- und Sozialverhalten, in ihrer Leistungsfähigkeit und ihrem Wissenserwerb zu beobachten. So erfahren sie, was die Kinder können und wo sie besondere Hilfe brauchen. Wie Leistung dokumentiert und bewertet wird, kann an Montessori-Schulen unterschiedlich sein. In diesem Kapitel werden einige Gesichtspunkte dazu erläutert.

7.1 Beobachtung und Dokumentation

Beobachtung

Die Lehrer haben täglich Gelegenheit, die Kinder in ihrem Arbeits- und Sozialverhalten, in ihrer Leistungsfähigkeit und ihrem Wissenserwerb zu beobachten. So erfahren sie während des Unterrichts ohne besondere Kontrollen, was die Kinder können und wo sie besondere Hilfe brauchen.

Die Kinder erhalten in der Schule eine direkte mündliche Rückmeldung durch die Lehrer, wenn sie etwas gut oder weniger gut gemacht haben. Sie wissen im 3. und 4. Schuljahr recht genau, was sie leisten können und was nicht, und sie vergleichen sich auch mit den Mitschülern und Mitschülerinnen. Dieser Vergleich findet durch Beobachtung statt: Die Kinder arbeiten miteinander, kennen sich gut und können dadurch ihren Stand in der Klasse bestimmen.

Dokumentation

Die Lehrer führen eine Dokumentation über das Arbeits- und Sozialverhalten und über die Leistungen eines jeden Kindes. Auch wenn sich die Beobachtungen, die man in Freiarbeit und ergänzendem Unterricht macht, sehr gut einprägen, so ist doch eine schriftliche Aufzeichnung wichtig. Manche Schulen haben sich ein Pensen- oder Studienbuch erarbeitet, das für jedes Kind geführt wird. Es bietet Kindern und Eltern Informationen über erreichte Lernziele. Auch Kinder können ihre Lernfortschritte in Pläne oder Pensenbücher eintragen oder schreiben in ein Lerntagebuch, woran sie gearbeitet haben.

Information der Eltern

Die Eltern müssen über den Entwicklungs- und Leistungsstand ihres Kindes informiert sein. Dies geschieht vor allem durch regelmäßige Gespräche mit den Lehrern, entweder an den Elternsprechtagen oder zu eigens vereinbarten Terminen. In diesen Gesprächen geht es um die Entwicklung des Kindes, um sein Arbeits- und Sozialverhalten und seine Leistungen und manchmal auch einfach um kleine Begebenheiten, die man sich gegenseitig erzählt, um ein Kind besser zu verstehen. Wenn ein Kind gezielte zusätzliche Förderung braucht, wird ein Förderplan erstellt, an dem auch die Eltern mitwirken.

7.2 Lernzielkontrollen

Darüber hinaus plant die Lehrerin auch Lernzielkontrollen in ihren Unterricht ein.

Klarheit über die Lernziele

Voraussetzung für Lernzielkontrollen ist die genaue Kenntnis der Ziele, die erreicht werden sollen. Ferner müssen Lehrer und Lehrerinnen bereit sein, ihren eigenen Unterricht daraufhin zu überprüfen, ob er geeignet war, die angestrebten Ziele zu erreichen.

Grundschulkinder sind im Sammelalter. Sie sammeln nicht nur Kastanien oder Fußballbilder, sie sammeln auch Wissen und werden gerne abgefragt, sofern sie sich darauf vorbereiten konnten. Mündliche Lernzielkontrollen beziehen sich in erster Linie auf die Kenntnisse, die ein Kind zu einem Thema erworben hat, und darauf, wie es diese Kenntnisse gedächtnismäßig speichern konnte. Ferner wird deutlich, ob ein Kind Beziehungen erkennen und selbstständig herstellen und wie weit es schulisches und außerschulisches Wissen miteinander verknüpfen kann.

Manche Kinder werden gerne »öffentlich« – d. h. wenn andere dabei zuhören – abgefragt. Beliebt ist z. B. Kopfrechnen um die Wette. Zwei Kinder stehen am »Start«, der Tür. Die Lehrerin stellt eine Aufgabe aus dem kleinen Einmaleins, und wer die Antwort weiß, ruft sie möglichst schnell in den Raum. Wer sie zuerst gesagt hat, darf bis zu einem vorher vereinbarten Haltepunkt, z. B. der Wandtafel, vorgehen, und wer auf diese Weise als Erster wieder an der Tür angekommen ist, hat gewonnen. Für solche Spiele melden sich gerne jene Kinder, die Wettbewerbe mögen und die glauben, das kleine Einmaleins sicher zu beherrschen. Andere Kinder bevorzugen die Abfrage in der Kleingruppe oder im Einzelgespräch mit der Lehrerin.

Wichtig ist, dass die Kinder über mündliche Lernzielkontrollen Bescheid wissen und Gelegenheit hatten, sich ausreichend darauf vorzubereiten.

Neben den mündlichen gibt es auch schriftliche Lernzielkontrollen in der Gruppe, aber auch in Einzelarbeit.

Schriftliche Lernzielkontrollen

Mit gezielten schriftlichen Lernzielkontrollen muss im 1. und 2. Schuljahr sehr vorsichtig umgegangen werden. 6- und 7-jährige Kinder stehen noch auf einer frühen Entwicklungsstufe. Die individuelle Entwicklung steht im Vordergrund, das Messen an einem allgemeinen Maßstab ist noch schwierig, und die Kinder begreifen nicht wirklich, welchen Sinn ein solcher Nachweis hat. Deswegen verzichten viele Lehrer ganz auf solche Arbeiten und ziehen bei ihrer Beurteilung die Notizen hinzu, die sie sich nach Beobachtungen in der Freiarbeit und im ergänzenden Unterricht machen.

Im 3. und 4. Schuljahr verändern sich die Kinder. Sie entwickeln Verständnis dafür, dass es außer einem individuellen Maßstab noch einen allgemeinen Maßstab für schulisches Lernen gibt, und bringen daher auch für Prüfungen mehr Verständnis auf.

Künstlichkeit von Prüfungssituationen

Aber Prüfungssituationen haben etwas Künstliches, sodass es zu Konflikten kommen kann, wie folgendes Beispiel zeigt: Bei einer der ersten Lernzielkontrollen schaut ein Kind auf ein Nachbarheft, um sich zu vergewissern, ob es eine Aufgabe richtig gelöst hat. Die Lehrerin ermahnt es, und das Kind verteidigt sich mit den Worten: »Ich habe doch nur geguckt, ob ich richtig gerechnet habe.« In dieser kleinen Szene liegt das ganze Dilemma: Die Lehrerin will, wenn sie Lernzielkontrollen schreiben lässt, wissen, was ein Kind ohne Hilfe kann; das Kind will die Arbeit möglichst gut machen und bedient sich der Hilfe, die es bisher auch genutzt hat und die wir alle ein Leben lang nutzen, um Fehler zu vermeiden: Wir fragen jemanden oder wir vergleichen mit einer Vorlage. Solche widersprüchlichen Situationen entstehen nur bei Prüfungen, gleich welcher Art. Aus diesem Grund lehnen etliche Lehrer und Lehrerinnen das gleichzeitige Schreiben von »Klassenarbeiten« ab und wählen andere Formen der Leistungskontrolle.

Es ist aber unrealistisch, zu glauben, Schule und Ausbildung würden auf Prüfungssituationen verzichten. Man kann und soll die Kinder daher auch lehren, damit umzugehen.

Regeln für Schüler und Lehrer

Dritt- und Viertklässler kann man darauf vorbereiten, dass es in Prüfungssituationen besondere Spielregeln gibt. Diese besagen: Außerhalb von einzelnen Prüfungssituationen kann ich alle Möglichkeiten der Fehlerkontrolle nutzen, aber bei Lernzielkontrollen nicht. Für die Lehrer gibt es auch Spielregeln, die sie unbedingt beachten müssen: Die Prüfung muss sich auf Sachverhalte beziehen, die vorher intensiv geübt wurden und von denen das Kind weiß, dass es sie auch im Hinblick auf eine Lernzielkontrolle lernen soll. Durch die gegenseitige Fairness in der Einhaltung der Spielregeln können Kontrollarbeiten dann relativ entspannt durchgeführt werden. Schwierig bleibt es für besonders leistungsschwache Kinder, von denen die Lehrerin schon vor der Arbeit weiß, dass sie sehr viele Fehler machen werden. Sie kann sich dann entschließen, den Kindern bei der Arbeit zu helfen und dies zu vermerken; oder sie lässt einen einfacheren Test schreiben. Wie sie mit dieser Situation umgeht, richtet sich manchmal mehr nach der Einsicht der Eltern dieser Kinder als nach den Kindern selbst.

7.3 Leistungsbewertung

Die Lernzielkontrollen werden bewertet, wobei das Kollegium in pädagogischen Konferenzen das Bewertungssystem festgelegt hat; es ist Kindern und Eltern bekannt.

Die gängige Form der Leistungsbewertung, die wir alle aus der eigenen Schulzeit kennen, ist nach wie vor die Notengebung, und sie wird teilweise auch an Montessori-Schulen genutzt. Noten vermitteln jedoch den Eindruck, als sei der Erwerb von abfragbarem Wissen das einzige Lernziel der Grundschule, was faktisch dazu führen kann, dass man dem einfachen abfragbaren Können und Wissen mehr Aufmerksamkeit widmet als den anderen wichtigen Lernzielen wie: komplexes Können und Verstehen, Bewerten, Erkennen von Beziehungen, Urteilen.

Grenzen von Noten

Die Notengebung ist aber keine adäquate Form der Leistungsbewertung, weil sie den größten Teil der Lernziele nicht überzeugend bewerten kann. Das Einüben und Festigen von Anstrengungsbereitschaft, Ausdauer, Konzentrationsfähigkeit, Umsicht, Kreativität, Kooperation und Hilfsbereitschaft sind Lernziele, die nicht in Noten ausgedrückt werden können. Viele Lernziele der einzelnen Fachgebiete können ebenfalls nur unzureichend in Noten ausgedrückt werden, wie das folgende Beispiel zeigt: Nadja liest einen Text vor. Sie liest flüssig und mit angemessener Betonung. Anschließend stellt die Lehrerin Fragen zum Text; sie fragt, wie die Kinder heißen, die in der Geschichte vorkommen, was sie tun und Ähnliches. Nadja schaut die Lehrerin erstaunt an. Mit diesen Fragen scheint sie nichts anfangen zu können, und sie kann kaum eine Frage richtig beantworten. Das bedeutet, dass sie den Inhalt des Textes nur in Bruchteilen erfasst hat. Wenn Peter einen Text vorliest, sind alle angehalten, größte Geduld zu haben: Er liest sehr stockend, buchstabiert manchmal mühsam ein Wort, ehe er es aussprechen kann, und von einer angemessenen Betonung kann keine Rede sein. Bei den anschließenden Fragen zum Text kann er diese jedoch mühelos beantworten und setzt darüber hinaus das neu erworbene Wissen in Beziehung zu Kenntnissen, die er bereits hat. Wie soll nun die Leistung von Nadja und Peter im Bereich »Lesen« mit einer Note bewertet werden? Gibt man Nadja ein

Beispiel: Stärken und Schwächen

»gut« und Peter ein »ausreichend«? Anders gefragt: Beurteilt man die Lesefertigkeit oder das Textverständnis? Da »Lesen« sowohl Lesefertigkeit wie Textverständnis beinhaltet, müsste man in diesem Fall entweder für beide Teilleistungen eine eigene Note geben, oder man beschreibt die Leistung mit Worten, z. B.:

»Nadja liest flüssig und mit angemessener Betonung. Um jedoch den Inhalt zu verstehen, braucht sie die Hilfe der Lehrerin.«

»Peter liest noch stockend, teilweise buchstabierend. Den Inhalt kann er jedoch mühelos wiedergeben und zu eigenen Erfahrungen in Beziehung setzen.«

Das Beispiel zeigt, dass Leistungsbewertung eine schwierige Angelegenheit sein kann; und es zeigt auch, dass sie subjektiv ist. Ferner macht es deutlich, wie komplex und individuell »Leistung« ist.

Lernzielkontrollen sollten in einer Atmosphäre von Gelassenheit, Fairness und Ermunterung stattfinden. Denn Angst hindert das Denken.

Angemessene Ermunterung

Ermunterung heißt dabei aber nicht unbedingt Loben. Das Loben kann nämlich zu einem Problem werden, wenn es die tatsächliche Leistung verdeckt und im Kind falsche Erwartungen hervorruft. Wenn die Lehrerin einem Kind mit lobenden Worten seine Anstrengungsbereitschaft und seinen Fleiß bestätigt, kann das Kind dies als Anerkennung seiner Leistung auffassen. Es ist dann sehr enttäuscht und fühlt sich hintergangen, wenn die Bewertung der Lernzielkontrollen bzw. das Zeugnis nur dürftig ist. Die Lehrerin muss also jedenfalls klare Aussagen machen, z. B.: »Ich sehe, dass du fleißig geübt hast und dir wirklich Mühe gibst, aber in deinem Text sind noch sehr viele Fehler. Die Lernziele sind noch nicht erreicht.« Sie wäre froh, wenn sie jetzt nicht noch sagen müsste: »Als Note ist das eine Fünf.« Hier wird deutlich, dass die Note demotivierend und nicht hilfreich ist.

7.4 Zeugnisse

Wenn Montessori-Schulen Privatschulen sind, können sie die Form des Zeugnisses selbst bestimmen. Ansonsten müssen sie sich an die geltenden Bestimmungen halten. Sie haben aber eine gewisse Freiheit, diese um eigene Vorstellungen zu ergänzen.

Da Noten seit Jahrzehnten zu deutschen Schulen gehören, tut sich die Schulpolitik äußerst schwer, diese Gewohnheit zu durchbrechen. An der Notengebung wird deswegen so eisern festgehalten, weil es einerseits eine bekannte Gewohnheit ist und andererseits das – berechtigte – Bedürfnis besteht, den Leistungsstand eines Kindes im Verhältnis zum gedachten statistischen Durchschnitt zu erkennen. Dass jeder seine eigenen Vorstellungen vom »statistischen Durchschnitt« hat, spielt dabei dann keine Rolle.

Maßstäbe

Bewertungssysteme für Zeugnisse wie Noten oder Beurteilungen erfordern einen Maßstab. Der individuelle Maßstab liegt im Kind selbst: Er bemisst sich an den individuellen Begabungen und Interessen und der Anstrengung, mit der diese zur Geltung gebracht und Schwächen ausgeglichen werden. Daneben gibt es einen Maßstab, der von der Gesellschaft, in der das Kind lebt, gesetzt wird. In Richtlinien und Lehrplänen ist schriftlich festgelegt, was ein Kind mindestens erreichen muss, um Schulabschlüsse zu erwerben, mit denen man bestimmte Berufe erlernen kann. Darüber hinaus spielt noch ein dritter Maßstab mit, der sich dadurch einstellt, dass sich – oft unreflektiert – die Lerngruppe, also die Klasse, als Vergleichsgruppe anbietet, mit Bezug zu der man die Leistungsfähigkeit der einzelnen Kinder in einer bestimmten Rangfolge anordnet.

Bei Kindern, deren Begabungen und Charaktereigenschaften (Anstrengungsbereitschaft, Lerneifer) einigermaßen miteinander ausgewogen sind, kann man den individuellen und den gesellschaftlich vorgegebenen Maßstab recht gut miteinander in Einklang bringen. Schwierig wird es, wenn individueller und gesellschaftlicher Maßstab deutlich auseinanderliegen, z. B. bei leistungsschwachen Kindern. Was bewirkt es bei diesen Kindern, wenn ihnen stets mangelhafte Leistungen in bestimmten Fächern bescheinigt werden und wenn das auch noch mit dem (für diese Kinder sinnlosen) Wiederholen einer Klasse verbunden ist? Er bewirkt ein desolates Selbstwertgefühl, Zorn auf die Schule und die Festigung von Lernangst.

Beurteilungszeugnisse

Für die differenzierende Arbeitsweise der Montessori-Schule wäre das Beurteilungszeugnis ohne Noten besonders geeignet. Notenfreie Arbeiten und Zeugnisse verhindern ein »schlagwortartiges« Urteilen. Wenn sich Kinder und Eltern eine Beurteilung erst in Ruhe durchlesen müssen, um das Resultat zu erkennen, so müssen sie sich auch mit den Lernzielen und dem Maßstab auseinandersetzen, nach dem beurteilt wurde.

Auch für weiterführende Schulen sind Beurteilungszeugnisse eigentlich kein Problem, weil sie durch die Gutachten für die Viertklässler diese Form der Leistungsbewertung kennen. Schwierigkeiten können dann auftreten, wenn Beurteilungszeugnisse für Kinder wie Beurteilungszeugnisse aus dem Berufsleben Erwachsener gelesen werden; da in diesen keine negativen Formulierungen enthalten sein dürfen, wird beim Lesen der Kinderzeugnisse manchmal nach den verborgenen Hinweisen auf Probleme gefahndet. Hier muss dann eine bessere Zusammenarbeit mit den weiterführenden Schulen gesucht werden.

Montessori-Schulen, die sich Beurteilungszeugnisse erarbeitet hatten, konnten sich jedoch damit helfen, dass sie den Beurteilungen Noten hinzufügten. So blieb die Möglichkeit erhalten, auch über Lernziele sowie die Komplexität von Leistungen und individuellen Stärken Aussagen zu machen.

Bewertung komplexer Leistungen

Wie schon beschrieben, kann die Erkenntnis, wie schwierig es ist, komplexe Leistungen zu bewerten, zu vielen Überlegungen hinsichtlich der Ausgestaltung der Zeugnisse führen. Man sollte dabei nicht aus dem Blick verlieren, dass Zeugnisse einen wichtigen, aber auch begrenzten Stellenwert haben. Bei nüchterner Betrachtung muss man nämlich auch feststellen, dass allzu ausführliche Zeugnisse nicht mehr aufmerksam gelesen werden (können).

8.

Die Bedeutung der Montessori-Pädagogik für die Gegenwart

Dieses letzte Kapitel blickt sowohl zurück als auch nach vorn: Es wirft einen kurzen Blick auf die Biografie Maria Montessoris und damit auf die Entstehungsgeschichte der Montessori-Pädagogik, und es fragt nach der Bedeutung dieses pädagogischen Ansatzes für Gegenwart und Zukunft. Dabei würdigt es die besondere Leistung Montessoris, spricht aber auch einige geläufige Vorbehalte und Bedenken an und stellt schließlich das zentrale Ziel dieser Pädagogik heraus, dem auch bei der Frage nach ihrer Aktualität eine zentrale Bedeutung zukommt.

8.1 Kurzer Überblick über das Leben Maria Montessoris

Maria Montessori wurde 1870 in der Provinz Ancona in Italien geboren, zog später mit ihren Eltern nach Rom und verbrachte dort ihre Jugend- und Studienzeit. Weil ihre naturwissenschaftliche Begabung offensichtlich war, besuchte sie nach der Grundschule eine technische Schule für Jungen, erkämpfte sich nach deren Abschluss einen Studienplatz in Medizin und wurde die erste Ärztin Italiens. Als Assistenzärztin an der psychiatrischen Klinik in Rom erkannte sie, dass die Betreuung geistig und lernbehinderter Kinder nicht nur ein medizinisches Problem war, sondern auch ein pädagogisches. Sie erforschte die Möglichkeiten, geistig geschädigten Kindern durch Sinneserziehung zu helfen und ihnen durch Eigentätigkeit mit gezielt entwickeltem didaktischem Material Lernanreize zu geben. Sie erzielte dabei überraschende Erfolge. In dieser Zeit führte eine Liebesbeziehung mit einem Arzt zu einer Schwangerschaft und zur Geburt ihres Sohnes Mario. Da sie in damaliger Zeit als alleinerziehende Mutter alle beruflichen Möglichkeiten hätte aufgeben müssen, gab sie ihren Sohn in eine Pflegefamilie. Sie hielt regelmäßigen Kontakt zu ihm und nahm ihn als 15-Jährigen endgültig zu sich. Mario wurde ihr zuverlässiger Begleiter, der ihr Lebenswerk nach ihrem Tod fortsetzte.

Ausbildung zur Ärztin

Angeregt durch die erfolgreiche pädagogische Arbeit mit geistig behinderten Kindern, nahm Maria Montessori ein weiteres Studium auf, nämlich das der Psychologie, Pädagogik und Philosophie, und suchte nach einer Gelegenheit, ihre Erkenntnisse und Erfahrungen auf gesunde Kinder zu übertragen. Sie suchte eine Antwort auf die Frage, warum gesunde Kinder im Vergleich zu den von ihr betreuten geistig behinderten Kindern relativ weniger lernten und sich relativ schlechter entwickelten.

Hinwendung zur Pädagogik

Die Gelegenheit, gesunde Kinder in ihrer Entwicklung zu beobachten, ergab sich, als eine Wohnungsbaugesellschaft in einem heruntergekommenen Wohnviertel Häuser sanierte und jemanden für die Betreuung der verwahrlosten Vorschulkinder suchte. Im Jahre 1907 wurde das erste Kinderhaus (casa dei bambini) in Rom eröffnet, in dem etwa 50 Kinder von einer Frau betreut wurden, die keine pädagogische Ausbildung hatte, außer der Kenntnis der damals allgemein üblichen Erziehungspraxis. Montessori unterwies sie im Gebrauch des von ihr entwickelten Sinnesmaterials und ließ sie im Übrigen das tun, was sie selbst für richtig hielt. Montessori selbst war damals Kinderärztin und Professorin für Anthropologie an der Universität Rom und kam regelmäßig zur Beobachtung der Kinder ins Kinderhaus. Ihr Schlüsselerlebnis, das den Anstoß dafür gab, dass sie sich voll und ganz der Pädagogik zuwandte, beschreibt sie u. a. in ihrem Buch *Schule des Kindes*: Sie beobachtete ein Kind, das in völliger Konzentration in eine Tätigkeit versunken war und, nachdem der Arbeitszyklus endete, wie verwandelt wirkte: freudiger, freier, eigenständiger. Sie erkannte, wie sich die Kinder durch Eigentätigkeit mit dem »Sinnesmaterial« und mit den »Übungen des täglichen Lebens« in ihrer Arbeitshaltung und ihrem Sozialverhalten veränderten, und entwickelte durch weitere gründliche Beobachtung der

Pädagogisches Schlüsselerlebnis

kindlichen Aktivitäten ihre pädagogischen Prinzipien. 1909 gab sie ihre Praxis als Kinderärztin auf und widmete sich ganz der Ausbildung von Erzieherinnen, Lehrerinnen und Lehrern für die Montessori-Kinderhäuser und -Schulen, die sich bald in vielen Ländern in großer Zahl gründeten. Durch den 2. Weltkrieg und totalitäre Regierungssysteme in Deutschland, Italien und Spanien wurde ihr blühendes Lebenswerk in diesen Ländern wieder zerstört, doch begann sie 1949 sofort wieder in Europa zu wirken, bis sie 1952 im holländischen Nordwijk aan Zee starb.

Weltweite Wirksamkeit

8.2 Die Gegenwartsbedeutung der Montessori-Pädagogik

Liest man Literatur zur Gehirnforschung, findet man darin viele Erkenntnisse Maria Montessoris bestätigt. Was sie durch Beobachtung und Interpretation ihrer Beobachtungen herausgefunden hat, wird – durch andere methodische Untersuchungen – in der aktuellen Forschung nachgewiesen.

Montessoris Leistung

Die Genialität Montessoris liegt in der Kombination von Beobachtungsgabe, Interpretationsfähigkeit und Geschick bei der Realisierung ihrer Erkenntnisse in der pädagogischen Praxis. Die Komplexität des Bedingungsgefüges für die praktische Umsetzung von Bildung und Erziehung ist bemerkenswert. Aus dem möglichen Gegeneinander von Freiheit und Bindung, Kind und Erzieher, Erzieher und Material, Geisteskraft und körperlicher Aktivität wird ein Miteinander, bei dem sich beide Seiten gegenseitig bedingen.

Wenn Montessori-Einrichtungen aber so gut sein sollen, warum gibt es dann nicht – so wird häufig gefragt – lauter Montessori-Kinderhäuser und -Schulen? Die Antwort könnte so lauten:

Das Geheimnis der überzeugenden Umsetzung liegt in der Wahrung der Komplexität – und die wird oft geschmäht. Wenn man sich, wie es dann so schön formuliert wird, »das Beste von Montessori« herausnimmt, verlässt man das Bedingungsgefüge, innerhalb dessen sich die pädagogischen Prinzipien im Gleichgewicht halten. So wurde z. B. das Prinzip Freiheit von anderen Einrichtungen gerne übernommen. Aber die Freiheit des Kindes braucht die Vorbereitete Umgebung mit einem überzeugenden Arbeitsmaterial und einer bestimmten pädagogischen Haltung der Erzieher sowie das Wissen um notwendige Grenzen.

Menschen sind verschieden und möchten aufgrund ihrer eigenen Überzeugung tätig werden. Ein pädagogisches Konzept muss freiwillig übernommen werden. Zwang ist kontraproduktiv.

Vorbehalte

Sofern Städte die Schulträger sind, sind sie an gleichmäßig verteilten, wohnortnahen Grundschulen interessiert. Wenn also eine Montessori-Schule aufgrund ihres Erfolges eine hohe Anmeldequote hat, so sind die Städte meist nicht gewillt, sie zu vergrößern, weil dies auf längere Sicht die Schließung einer anderen Schule nach sich ziehen würde.

Montessori-Schulen gelten oft noch als »Schulen besonderer pädagogischer Prägung«. In dieser Beschreibung scheint der Gedanke mitzuschwingen, dass »das nichts für alle ist« oder »dass man daran glauben muss«. Diese Gedanken führen zu einer Distanzierung.

Das beschriebene Bedingungsgefüge, in dem die pädagogischen Prinzipien miteinander im Gleichgewicht sind, wird von manchen Einrichtungen, die sich nach Montessori benennen, nicht verwirklicht. Es werden dann bestimmte Gesichtspunkte ganz besonders betont, andere vernachlässigt. Solche Schulen verfälschen das Konzept der Montessori-Pädagogik und bringen es in Misskredit.

Zum Abschluss soll die Gegenwartsbedeutung der Montessori-Pädagogik noch mit ihren eigenen Worten beschrieben werden:

»Die materielle Welt befindet sich in einer vollständigen Umwandlung und bietet die Ungewissheiten und Gefahren, die aus einer neuen Anpassung entstanden sind. Wir haben jene ›Sicherheit‹ der alten Zeit verloren. Jene Zeit ist vorüber, wo der Beruf sich ungestört vom Vater auf den Sohn vererbte. Die Gewissheit einer guten Anstellung, die gute Studien belohnte, ist verloren. Die Familie kann das nicht mehr wie früher garantieren. Nicht einmal der Staat ist in der Lage, seinen Bürgern, die für höhere Berufe bestimmt sind, eine Anstellung zuzusichern, wenn sie ihre Fachschulen absolviert haben. Man muss nun den neuen Schwierigkeiten ins Auge sehen, die die Unsicherheit der modernen Bedingungen hat auftauchen lassen.
Die Welt befindet sich zum Teil im Zustand des Auseinanderfallens, zum Teil im Zustand des Wiederaufbaues. Der Wechsel zwischen Fortschritt und Regression schafft die Unsicherheit. (...)
Unter diesen sozialen Bedingungen müssen wir uns daran erinnern, dass der einzige sichere Führer der Erziehung darin besteht, die Personalität der Kinder zu fördern. (...)
Die Fähigkeit zur Anpassung ist heute wesentlich; denn wenn der Fortschritt unaufhörlich neue Karrieren öffnet, so unterdrückt er auch unaufhörlich die traditionellen Berufe oder revolutioniert sie« (Montessori 1966: 93).

Bildung der Persönlichkeit als zentrales Ziel

Montessori nennt folgende Eigenschaften, die Kinder erwerben müssen, wenn sie sich in der neuen Zeit bewähren sollen: Mut, Charakterstärke, Verstandeskraft, Verantwortungsbereitschaft und praktische Fähigkeiten.

Es geht darum, dem Kind zu helfen, seine Persönlichkeit zu entwickeln, damit es, wenn es erwachsen ist, aus seiner inneren Mitte heraus die Entscheidungen für sein Leben selbstständig treffen kann. Die Menschen der heutigen Zeit müssen stärker als früher einen Stand in sich selber haben, weil sie weniger stark durch vorgegebene Ordnungen und Beziehungen abgestützt werden. Und auch der Einzelne muss stärker die Verantwortung erkennen, die er nicht nur für sich, sondern auch für das Lebensgefüge der ganzen Welt hat.

Anhang

Maria Montessori – Gesammelte Werke

In dieser Edition erscheinen seit 2010 in insgesamt 21 Bänden beim Verlag Herder die bisher veröffentlichten, aber auch eine Vielzahl noch unveröffentlichter Schriften der weltberühmten Reformpädagogin als wissenschaftliche Werkausgabe. In z. T. neuen Übersetzungen, versehen mit zahlreichen Fußnoten, Anhängen und Kommentaren zu den verschiedenen Auflagen sowie mit ergänzenden Passagen aus anderen Ausgaben vermitteln die *Gesammelten Werke* einen guten Einblick in die Entwicklung des pädagogischen Denkens Maria Montessoris und lassen die Textgenese nachvollziehen. Herausgeber der Reihe ist Prof. (em.) Dr. Harald Ludwig, Universität Münster.

Bisher sind erschienen:

- *Die Entdeckung des Kindes* als Band 1 (2010, ^{3}2015) (= 2010 a)
- *Erziehung und Gesellschaft* als Band 3 (2011)
- *Praxishandbuch der Montessori-Methode* als Band 4 (2010, ^{3}2015)
- *Kalifornische Vorträge* als Band 5 (2014)
- *Das Kind in der Familie* als Band 7 (2011, ^{2}2017)
- *Psychoarithmetik* als Band 11 (2012)
- *Psychogeometrie* als Band 12 (2012)
- *Von der Kindheit zur Jugend* als Band 14 (2015) und
- *Durch das Kind zu einer neuen Welt* als Band 15 (2013).

Pro Jahr werden 1–2 Bände erscheinen, sodass das gesamte Werk voraussichtlich bis 2022 geschlossen vorliegen wird.

Weitere Texte von Maria Montessori

Kinder, die in der Kirche leben, Freiburg 1964
Das kreative Kind, Freiburg 1972
Schule des Kindes, Freiburg 1976
Spannungsfeld Kind – Gesellschaft – Welt, Freiburg 1979
Kosmische Erziehung, Freiburg 1988
Kinder sind anders, Stuttgart 2010 (= 2010 b)

Paul OSWALD / Günter SCHULZ-BENESCH (Hrsg.), *Grundgedanken der Montessori-Pädagogik,* Neuausgabe, überarbeitet und aktualisiert von Harald LUDWIG, Freiburg 2008

Sekundärliteratur

Erika ALTENBURG (1996): *Offene Schreibanlässe*, Donauwörth
Joachim BAUER (2006): *Prinzip Menschlichkeit*, Hamburg
Horst Klaus BERG (2010): *Kinder, Kunst und Montessori*, Norderstedt
Ela ECKERT / Ingeborg WALDSCHMIDT (Hrsg.) (2007): *Kosmische Erzählungen in der Montessori-Pädagogik*, Berlin
Irenäus EIBL-EIBESFELD (1997): *Die Biologie des menschlichen Verhaltens*, München
Hans ELSNER (1982): *Der Geologie-Baukasten. Eine neue Arbeitshilfe für die »Kosmische Erziehung«*. In: Montessori-Werkbrief 20/1, 9–52
Reinhard FISCHER (Hrsg.) (2005): *Sprache – Schlüssel zur Welt*, Donauwörth
Reinhard FISCHER / Michael KLEIN-LANDECK / Harald LUDWIG (Hrsg.) (1999): *Die »Kosmische Erziehung« Maria Montessoris*, Münster
Thomas HELMLE / Petra WÖBCKE-HELMLE (2016): *Praxisbuch Kosmische Erziehung. Mit Interesse lernen*, Freiburg
Hildegard HOLTSTIEGE (1987): *Maria Montessoris neue Pädagogik: Prinzip Freiheit – Freie Arbeit*, Freiburg
Hildegard HOLTSTIEGE (2007): *Modell Montessori*, Freiburg
Gerald HÜTHER (2005): *Bedienungsanleitung für ein menschliches Gehirn*, Göttingen
Gerald HÜTHER (2010): *Montessori-Pädagogik und die Herausbildung friedfertiger und lernförderlicher innerer Einstellungen aus neurobiologischer Sicht*. In: Ela ECKERT / Ingeborg WALDSCHMIDT (Hrsg.): *Inklusion: Menschen mit besonderen Bedürfnissen und Montessori-Pädagogik*, Berlin, 24–43
Gerald HÜTHER (2011): *Biologie der Angst – wie aus Stress Gefühle werden*, Göttingen
Gerhard KLEIN (2005): *Montessori-Pädagogik und Gehirnforschung*. In: Montessori. Zeitschrift für Montessori-Pädagogik 43/3, 97–115
Michael KLEIN-LANDECK / Tanja PÜTZ (2011): *Montessori-Pädagogik. Einführung in Theorie und Praxis*, Freiburg
Heinz KLIPPERT / Frank MÜLLER (2004): *Methodenlernen in der Grundschule*, Weinheim
Remo LARGO / Martin BEGLINGER (2010): *Schülerjahre*, München
Jürgen REICHEN (1988): *Lesen durch Schreiben*, Zürich
Horst SCHAUB (2013): *Kosmische Erziehung in der Montessori-Pädagogik*, Band 1, Freiburg
Horst SCHAUB (2015): *Kosmische Erziehung in der Montessori-Pädagogik*, Band 2, Freiburg
Hartmut SPIEGEL / Christoph SELTER (2010): *Kinder und Mathematik*, Seelze
Manfred SPITZER (2003): *Lernen. Gehirnforschung und die Schule des Lebens*, Berlin
Frederic VESTER (1978): *Denken, Lernen, Vergessen*, Stuttgart
Axel WINKLER (2010): *Wie die Menschen die Schrift erfunden haben – Die Erzählung vom Ochsen und vom Haus* (gekürzte Nacherzählung eines Vortrages von Axel Winkler auf einer Tagung in Ratingen; dieser bezieht sich seinerseits auf Mario Montessori).

Hinweise zu den abgebildeten oder beschriebenen Arbeitsmitteln

Nienhuis Montessori, Zelhem (Niederlande): Montessori-Material (www.nienhuis.com)
Betzold-Versand, Ellwangen: Dezimalsystem als hölzernes Material (www.betzold.de)
Thorsten Schmidt Lehrmittel-Verlag: Arbeitsmittel Planeten (www.schmidt-lehrmittel.de)

Informationen zur Montessori-Pädagogik (Literatur und Praxis) sind zu finden unter:

www.montessori-deutschland.de (Montessori-Dachverband Deutschland e. V.)
www.montessori-vereinigung.de (Deutsche Montessori-Vereinigung e. V.)
www.montessori-gesellschaft.de (Deutsche Montessori-Gesellschaft e. V.).